纪念版

ZB 直笔巨献

直笔体育巨星系列

绝境之神 C罗

Cristiano Ronaldo

念洲 ▶ 著

图书在版编目（CIP）数据

绝境之神：C罗 / 念洲著 . -- 北京：北京时代华文书局 , 2023.10（2025.10 重印）
ISBN 978-7-5699-5035-9

Ⅰ . ①绝… Ⅱ . ①念… Ⅲ . ①克里斯蒂亚诺·罗纳尔多—传记 Ⅳ . ① K835.525.47

中国国家版本馆 CIP 数据核字 (2023) 第 169353 号

JUEJING ZHI SHEN : C LUO

出 版 人：陈　涛
选题策划：董振伟　直笔体育
责任编辑：马彰羚
执行编辑：孙沛源
责任校对：初海龙
装帧设计：王　静　迟　稳
责任印制：訾　敬

出版发行：北京时代华文书局 http://www.bjsdsj.com.cn
　　　　　北京市东城区安定门外大街 138 号皇城国际大厦 A 座 8 层
　　　　　邮编：100011　电话：010-64263661　64261528
印　　刷：河北京平诚乾印刷有限公司
开　　本：710 mm×1000 mm　1/16　　　　成品尺寸：170 mm×240 mm
印　　张：15　　　　　　　　　　　　　　字　　数：242 千字
版　　次：2023 年 11 月第 1 版　　　　　　印　　次：2025 年 10 月第 7 次印刷
定　　价：68.00 元

本书图片由视觉中国提供。

序章

　　1985年2月5日，克里斯蒂亚诺·罗纳尔多·多斯桑托斯·阿维罗（以下简称"C罗"），出生于葡萄牙共和国马德拉自治区丰沙尔市的尼尼罗门多萨医师医院。几十年后，当我们提到葡萄牙的时候，第一个想到的名字就是C罗，如果没有他，马德拉、丰沙尔，肯定不会为全世界所熟知。

　　C罗名字中的"罗纳尔多"（Ronaldo），取自他父亲若泽·迪尼斯·阿维罗很欣赏的美国前总统罗纳德·里根（Ronald Reagan）。迪尼斯曾是一名军人，退役后找不到稳定的工作，靠体力劳动谋生；C罗的母亲玛利亚·多洛雷斯则是一名厨师。两人育有四个孩子，C罗是年纪最小的那一个，他有两个姐姐，分别是艾尔玛和卡蒂娅，一个哥哥是乌戈。

　　由于家境非常困难，多洛雷斯在怀有C罗的时候一度尝试堕胎，所幸没有成功，不然足球世界将失去一位伟大的球员。C罗还差点儿出生在澳大利亚，因为多洛雷斯的父亲举家前往澳大利亚，多洛雷斯想要跟着去，但被拒绝了。

　　迪尼斯为丰沙尔当地的一家业余足球俱乐部安多里尼亚工作，C罗也因此喜欢上了足球。9岁时，C罗就成为丰沙尔足协的注册球员，编号为17182。1994—1995赛季，他穿上了安多里尼亚足球俱乐部的球衣，踏上了球员之路。

　　10岁的时候，C罗加盟了马德拉国民（以下简称"国民"），转会费是两件球

衣和20个足球。加入俱乐部不久，C罗就展现出了惊人的天赋，一场比赛经常能打入四五个球，并在1995—1996赛季率领国民夺得了葡萄牙10—12岁级别的联赛冠军。

12岁的时候，C罗以1500英镑的转会费加盟葡萄牙体育。然而三年之后，突如其来的心动过速，险些让他早早断送足球生涯，好在经过手术的治疗之后，他痊愈了。

经过在青年队的锻炼与提升，17岁的C罗终于在2002年8月14日迎来了一线队的职业生涯首秀，代表葡萄牙体育在2002—2003赛季欧洲冠军联赛（以下简称"欧冠")资格赛对阵意甲豪门国际米兰（以下简称"国米"）的比赛中替补登场。

2002年10月7日，2002—2003赛季葡萄牙足球超级联赛（以下简称"葡超"）第6轮，葡萄牙体育坐镇主场迎战莫雷伦斯。C罗首发登场，第34分钟，队友脚后跟传球，他中路带球突进，连过两人之后杀入禁区，右脚推射破门，打入职业生涯处子球！全场比赛结束前，队友右路任意球传中，C罗在禁区中路高高跃起，头球叩关，将球顶入网窝，梅开二度！

欧洲足球历史上最伟大的"进球机器"，从此拉开了传奇的帷幕。

葡萄牙体育的所有人都知道，他们的年轻天才迟早都要离开，而且这一天已经越来越近了。这不仅仅因为葡萄牙足坛的"庙"太小，奔赴欧洲五大联赛［欧洲影响力及竞技水平排名前五的足球联赛，通常包括西班牙足球甲级联赛、英格兰足球超级联赛、意大利足球甲级联赛、德国足球甲级联赛、法国足球甲级联赛（以下简称"西甲""英超""意甲""德甲""法甲"）］一直以来都是葡萄牙本土球星的最终选

择，更因为C罗的志向非常远大，他还聘请了豪尔赫·门德斯作为自己的经纪人。

C罗的惊人天赋，已经通过葡超、土伦杯等赛事展现在世人面前。各国球探蜂拥而至，经过多番考察之后，得到的答案惊人的一致——这是多么难得一见的天才啊！

于是，C罗在极短时间内，就赢得了皇家马德里（以下简称"皇马"）、巴塞罗那（以下简称"巴萨"）、尤文图斯（以下简称"尤文"）、国米、阿森纳、曼彻斯特联（以下简称"曼联"）、利物浦、马德里竞技（以下简称"马竞"）、瓦伦西亚等欧洲豪门球队的青睐，而门德斯居中牵线，也忙得不亦乐乎，还与其中一些球队达成了口头协议。

最接近签下C罗的，是当时如日中天的英超豪门阿森纳。2003年初，C罗甚至专程坐飞机去了一趟伦敦，参观了阿森纳的训练基地，还与阿森纳主帅阿尔塞纳·温格以及队内头号球星、他的偶像之一蒂埃里·亨利见了面。

同时，阿森纳的副主席大卫·戴恩也飞往里斯本进行谈判，足以见得，"枪手"对C罗的诚意十足。如果他真的加盟了阿森纳，那么也许英超和欧冠的历史都将会被重新改写，也许2005—2006赛季夺得欧冠冠军的会是阿森纳，而非巴萨。

然而，阿森纳始终没有完成"临门一脚"，主要原因是球队的报价无法令葡萄牙体育感到满意，手握"绝世美玉"的葡超球队不会这么轻易地放人。

到了2003年夏天，各种谈判还在继续推进，葡萄牙体育也在照常参加着各种友谊赛。而8月6日这一天，冥冥之中似乎自有天意，葡萄牙体育遇到了曼联，C罗遇到了弗格森。

早在一年之前，弗格森的助理教练、葡萄牙人奎罗斯就将C罗推荐给了"弗爵爷"（弗格森的绰号），但弗格森只有亲自见到C罗，才能对他的天赋产生更直观、更深切地认识与感知。

在葡萄牙体育对阵曼联的友谊赛里，C罗担任左边锋，对位的是曼联的首发右后卫约翰·奥谢。奥谢要比C罗大4岁，此时已经在曼联站住脚了。但面对这样一位成熟的球员，C罗没有考虑太多，只想好好秀一把。他不断"踩单车"、玩花活儿，搞得这位未来的曼联队友狼狈不堪、丢尽颜面，一度感到眩晕。

回到更衣室之后，奥谢大吼道："这个该死的小子到底是谁？"弗格森当然知道这个小子是谁，而且还满意地笑了。他对时任曼联CEO的肯扬说："不签下C罗，曼联就不离开葡萄牙！"由此可见，曼联名帅对于这个葡萄牙少年志在必得，这个染着金发的小子，他要定了！

当时，曼联已经将大卫·贝克汉姆卖给了皇马，痛失最具影响力和号召力的英格兰头牌球星，还在与巴萨的争夺中败北，无缘得到巴西天才球星罗纳尔迪尼奥。所幸，"红魔"（曼联的绰号）没有错过更加年轻的C罗，曼联与葡萄牙体育达成协议，同意支付1224万英镑的转会费，C罗即刻登陆"梦剧场"（老特拉福德球场的别名）。

来到曼联之后，C罗原本希望继续身穿在葡萄牙体育效力时的28号球衣，但让所有人都没有想到的是，弗格森竟然毫不犹豫地、甚至有些强硬地将曼联队史上最传奇的号码——7号交给了他。

从这一刻开始，C罗正式踏上了封神之路！

目录
CONTENTS

1

第一部
联赛之神

2 第二部
欧冠之神

3

第三部
"五盾"之神

4 第四部
数据之神

联赛之神

手握英超、西甲、意甲冠军，斩获这三大联赛金靴奖，C罗无愧于"联赛之神"的美誉。从加盟"红魔"便身披7号球衣的"小小罗"，再到征服"银河战舰"（皇马的绰号）和"斑马军团"（尤文的绰号）的C罗，葡萄牙人在欧洲各联赛的征程几近完美。

第一章
身披 7 号
登陆英超

2003年8月13日，曼联为C罗在老特拉福德球场举行了亮相仪式，而仅仅三天之后，他的英超联赛处子秀就上演了。

2003—2004赛季英超第一轮，曼联在主场迎战博尔顿漫游者（以下简称"博尔顿"），C罗进入了比赛大名单，但并未首发登场，弗格森派出的锋线组合是范尼斯特鲁伊、索尔斯克亚和吉格斯。

第34分钟，吉格斯左脚任意球直接破门，为"红魔"打破僵局。在曼联领先的情况下，第61分钟，弗格森用C罗换下后腰尼基·巴特，C罗正式迎来曼联生涯首秀，这也是他的英超生涯首秀。

刚一登场，C罗就遭到了博尔顿右后卫尼基·亨特的一记凶狠飞铲，但当时昵称还是"小小罗"的葡萄牙新星很快就还以颜色，一招精彩的拉球转身迫使亨特赔上犯规。不久之后，他又利用速度突破亨特的防守，突入禁区后被拉倒在地，曼联获得点球。可惜的是，范尼斯特鲁伊主罚的点球被扑出。

替补登场30分钟，C罗并没有获得进球和助攻，但他飞快的速度、犀利的突破、超强的自信、非凡的勇气，以及卓越的足球天赋，还是在"梦剧场"七万名球迷面前显露无遗，人们隐隐约约感觉到，这位足坛新星正初露锋芒。

当然，C罗毕竟只有18岁，而且刚刚从葡萄牙来到完全陌生的英格兰，面对英超激烈的对抗、"老油条"凶狠的拼抢，他确实需要一段时间适应。对手的动作越是粗野甚至凶狠，年轻的C罗就越要去较劲，用华丽的脚下技术去一对一盘带突破，结果便是一次次倒地；倒地次数越多、越频繁，就越容易招来裁判的"青睐"和对方球迷的不满，于是质疑他假摔的声音就越来越多了。

弗格森向来"护犊子"，但为了C罗好，还是严厉批评了他，甚至把C罗都给骂哭了，"整天就想着单干，你以为你是谁？"而在日常训练中，弗格森也要求罗伊·基恩、保罗·斯科尔斯、加里·内维尔等队内老球员用铲球和小动作来"挑衅"C罗，让他控制住自己的情绪，合理使用自己的技术。

职业生涯的前8场英超比赛，C罗颗粒无收，但在弗格森的恩威并施之下，他距离自己的英超处子球不远了。

2003年11月1日，2003—2004赛季英超第11轮，曼联主场迎战朴次茅斯。第75分钟，C罗替补乌拉圭前锋迭戈·弗兰登场。5分钟之后，曼联获得了一次任意球机会，"小小罗"站在球前，屏气凝神，调整步伐，右脚将球轰出。禁区内的双方球员互相争抢，谁都没有碰到球，对方门将希斯洛普的视线也因此受到干扰，结果球直接飞入网窝。

第二章

曼市德比 英超首冠

　　C罗在英超的第一个赛季，一共出场29次，首发15次，只打入4球，进球确实不多，表现也有些起伏不定，但依然获得了球迷评选的马特·巴斯比年度最佳球员奖。

　　弗格森对C罗的使用非常慎重，对他的保护做得非常到位，让他逐渐适应并融入新的环境，也为之后的爆发奠定了坚实的基础。

　　这个赛季，曼联只排名英超第三，比不败夺冠的阿森纳少了15分。不过，C罗还是收获了第一座冠军奖杯。

　　英格兰足总杯（以下简称"足总杯"）决赛，曼联3比0轻松战胜弱旅米尔沃尔。第44分钟，加里·内维尔边路传中，"小小罗"禁区内头槌入网，首开纪录，为"红魔"打开了胜利之门。

　　2004年夏天，C罗经历了欧洲杯决赛失利的挫折。回到俱乐部之后，他迎来了一位新队友——同样出生于1985年的韦恩·鲁尼，未来五年，两人将携手出击，为曼联追逐一项又一项的辉煌成就。

　　2004—2005赛季，C罗仍处于成长过程之中，前15轮英超比赛竟然一球未进，让他承受着巨大的压力。直到第16轮，曼联主场迎战南安普敦，他才在第87分钟用一脚劲射打破了进球荒。

　　整个赛季，C罗在英超出场33次，首发25次，只有5球入账，比2003—2004赛季多进1球，但依然有爆发的"高光"时刻。

　　2004—2005赛季英超第25轮，曼联做客海布里球场挑战阿森纳。在1比2落后

的情况下，C罗挺身而出，第54分钟接吉格斯斜塞球，左脚抽射破门，将比分扳平。

仅仅4分钟之后，还是吉格斯传中，C罗轻松推射空门得手，这是他第一次在联赛里梅开二度。曼联最终4比2逆转阿森纳，继第10轮在老特拉福德球场终结对手49场英超不败的神话之后，完成赛季双杀。

可惜的是，2004—2005赛季的足总杯决赛，尽管C罗的边路突破让当时的"世界第一左后卫"阿什利·科尔苦不堪言，但曼联与阿森纳鏖战120分钟没有分出胜负，最终曼联倒在了点球大战，未能成功卫冕。而在英超积分榜上，"红魔"还是第三，比穆里尼奥执教的切尔西少了18分之多。C罗的第一个联赛冠军，依然没有到来。

雪上加霜的是，2005年9月6日，C罗在葡萄牙队集训时接到噩耗：他的父亲去世了，年仅51岁。对于"小小罗"来说，这无疑是情感上的巨大打击，但他化悲痛为力量，不仅坚持参加了9月7日葡萄牙队对阵俄罗斯队的比赛，而且在2005—

2006赛季迎来了蜕变。

2005—2006赛季，C罗在英超出场33次，首发24次，打入9球，进球数等于前两个赛季之和；他在各项赛事共有12球入账，职业生涯第一次单赛季总进球达到两位数。

而且在第20轮对阵博尔顿、第25轮对阵富勒姆、第26轮对阵朴次茅斯的比赛中，C罗三次上演梅开二度的好戏，其中更有职业生涯的首次连场双响，进球能力得到不小的提升。

英格兰足球联赛杯（以下简称"联赛杯"）决赛，曼联4比0大胜维冈竞技，打入一球的C罗迎来了个人的第二座冠军奖杯。

第59分钟，对方后卫亨克兹解围失误，萨哈断球后无私地送出助攻，C罗在禁区右侧右脚低射破门。进球后，他脱下球衣，激情怒吼，露出一身健硕的肌肉。事实证明，经过刻苦努力的训练，他变得更壮了。

在英超积分榜上，"红魔"的排名也终于升至第二，拿到亚军。虽然还是不敌穆里尼奥执教的切尔西，但距离冠军似乎越来越近了。然而让人意想不到的是，那一年的夏天，C罗差点儿离开曼联。

2006年世界杯1/4决赛，葡萄牙队大战英格兰队，著名的"眨眼门"事件爆发，C罗和鲁尼不和的传闻甚嚣尘上。英国著名媒体《太阳报》更是独家透露，鲁尼已经放出风来：等回到曼彻斯特，会把C罗撕成两半，曼联也会因为这

桩"丑闻"而卖掉C罗。

然而，事实真相究竟是什么呢？C罗坚称自己并未向裁判施压，眨眼睛的对象也不是鲁尼，而是葡萄牙队主帅斯科拉里。鲁尼的回应是：他在球员通道等C罗，两人当场就把事情说开了，他还对C罗说："几周之后见，让我们一起努力赢得英超冠军。"真相揭开，曼联当然没有卖人的打算了。

不过，来自"舰队街"（英国媒体的代名词）铺天盖地的批评声，还是让C罗心烦意乱，于是他萌生去意。弗格森知晓后，和时任曼联CEO的大卫·吉尔一起飞赴葡萄牙阿尔加夫，与正在那里度假的C罗面谈。

C罗表示自己想离开英国，去西班牙踢球，想加盟皇马或者巴萨，但"弗爵爷"的极力安抚与劝说还是让他放下心理包袱，回到曼联。而这场风波对于C罗的洗礼，甚至要超过2004年欧洲杯的丢冠。仿佛一夜之间，他变得更加坚强、更加成熟、更加稳定和更加专注。

幸亏没有离开曼联，否则C罗的职业生涯未必会达到后来的高度。曼联全队上下对他的全力支持，让C罗感受到了家一般的温暖，他则以加倍的刻苦训练作为回报。

更重要的是，曼联预备队的前教练雷内·穆伦斯丁回归球队，担任弗格森的助手。有了这位荷兰教头悉心且专业的帮助，C罗在射门技术方面取得了显著的提高。

穆伦斯丁主要负责曼联的技术训练。他对C罗展开特训，改变C罗的射门习惯、无球跑动、技术细节，鼓励C罗在射门之前，先把自己调整到禁区内最佳的得分位置，让他变得更像一名射手。

后来，C罗说："以前我进球是追求完美，但在穆伦斯丁的建议下，我转变成了高效的射手。"球是怎么进的，不重要；重要的，是把球打进——这一理念，深深地改变了C罗，影响至今。

此外，C罗还观看了索尔斯克亚、范尼斯特鲁伊、科尔、约克、谢林汉姆等队友及前辈的录像视频，学习他们的跑位和射门技巧，不断进步，精益求精。

功夫不负有心人，一切水到渠成。2006—2007赛季，C罗终于迎来了大爆发：

2006年12月，曼联对阵阿斯顿维拉、维冈竞技和雷丁，他职业生涯第一次连续三场比赛梅开二度！

整个赛季，他在英超出场34次，首发31次，打入17球，位列射手榜第三，联赛单赛季进球数首次达到两位数，还送出8次助攻；各项赛事总计攻入23球，职业生涯首次打破20球大关。

2007年5月5日，对C罗来说是一个非常重要的日子。2006—2007赛季英超第36轮，曼联迎来曼彻斯特德比，做客挑战曼彻斯特城（以下简称"曼城"）。第34分钟C罗制造点球并亲自命中，打入全场比赛的唯一进球，而这一球，也让"红魔"提前锁定了冠军。

加盟曼联的第4个赛季，C罗终于夺得了第1个英超冠军，这也是他职业生涯的第1个联赛冠军。别忘了，此时的"小小罗"只有22岁，霸业才刚刚开始。

第三章

三冠伟业
征服英超

2007—2008赛季开始前，穆伦斯丁为C罗制定了新赛季的进球目标。C罗认为自己能进30至35球，但穆伦斯丁对他更有信心，认为C罗能进40球。

而为了彻底激活C罗的射手本能，弗格森也对曼联的打法做出重大调整。"弗爵爷"不再执着于传统的"442"阵形，而是让全队围绕着C罗来展开进攻。

在这套充满流动性的打法当中，C罗获得了很大的进攻空间。他可以在边锋和中锋两个角色中自由切换，成为前场自由人。而之前被弗格森力捧的鲁尼，以及阿根廷前锋特维斯，都成了C罗的副手，鲁尼甚至经常来到边路，为葡萄牙人作嫁衣。

这样做的结果，就是C罗彻底爆发。从2007—2008赛季英超第8轮开始，他就一发不可收拾，连连进球，赛季刚刚过半，已经打入13个联赛进球。

2008年1月12日，英超第22轮，曼联在主场6比0血洗纽卡斯尔联（以下简称"纽卡"），C罗更是独中三元，上演职业生涯的首个帽子戏法。这也是他在第一次效力"红魔"、第一次征战英超时唯一的帽子戏法。

第一个进球，是禁区前的任意球，C罗轰出一脚贴地斩，打了对手一个猝不及防。

第二个进球，是曼联"进攻三叉戟"的完美配合：鲁尼中路做球，特维斯右肋直塞，C罗插上，轻松破门。

第三个进球，则展现出了C罗身为射手的技术和冷静：对方解围失误，他假射真扣，晃开对方飞铲而来的球员，用非惯用的左脚将球踢入球门。

2007—2008赛季，C罗在英超出场34次，首发31次，贡献31球，场均进球数

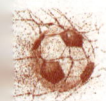

接近1球，31球几乎是前一个赛季进球数的两倍。他成为英超历史上第六位单赛季进球数突破30球大关的球员，因此，C罗在职业生涯首次荣膺英超金靴奖！

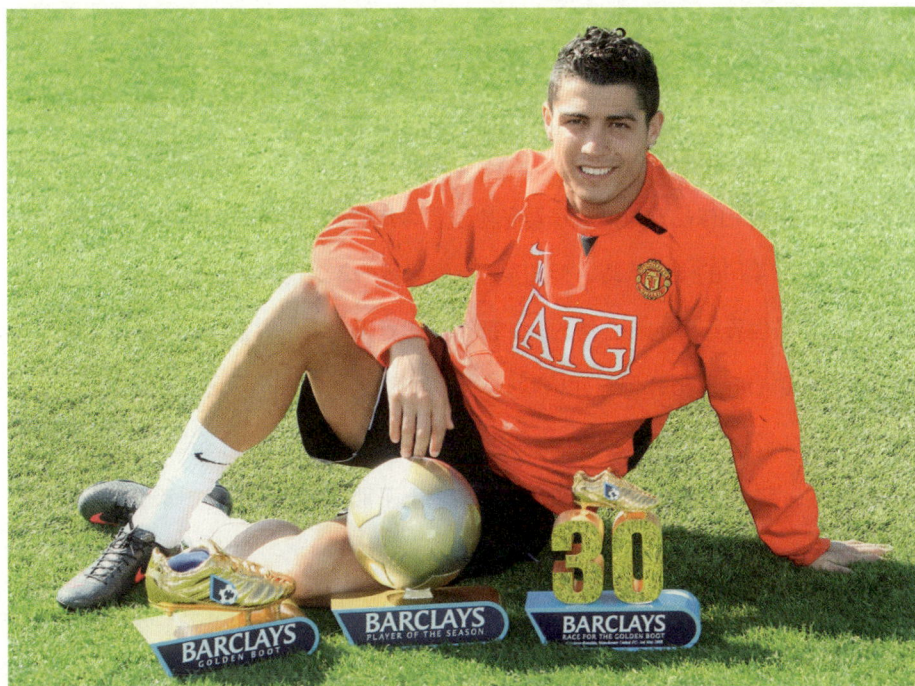

而在达到巅峰之后，C罗也准备寻找下一个挑战，于是他再次想要离开曼联，加盟皇马。

2007—2008赛季欧冠决赛之前，C罗接受了西班牙媒体的采访。也许面对的不是英国媒体，他可以畅所欲言："去西班牙踢球是我的梦想。"他强调，在曼联踢球很开心，但没有明确自己的未来，而是说一切都有可能发生。

此时，C罗与曼联的合同还有4年，2012年才到期，但在他的合同里，有一条极其隐秘的解约金条款。英超各队没有解约金一说，它盛行于西甲球队，可是曼联却为C罗破例了，解约金的具体金额是7500万欧元。

皇马一直以来都是C罗非常青睐的球队。早在葡萄牙体育踢球时，C罗就立下誓言：有朝一日要为皇马踢球。而时任皇马主席卡尔德隆也一门心思想要挖走他，为"银河战舰"增加一位世界级球星。就连时任国际足联主席布拉特都站了出来，声称C罗沦为了曼联的"奴隶"。

曼联和弗格森当然不想放走C罗，哪怕知道他早晚要离开，能晚一年是一年。为此，"弗爵爷"一面怒斥皇马私下接触球员的行为不道德，一面跑到葡萄牙，亲自与C罗、门德斯面谈。

最终，主帅和球员双方达成了君子协议：今年C罗不能走，弗格森不会把他卖给使出"卑鄙"手段的卡尔德隆。但如果C罗能再留一年，而且表现得足够敬业，皇马又肯拿出打破世界纪录的转会费的话，那么明年夏天，弗格森答应放他走。

C罗虽然心向皇马，但对弗格森、对曼联还是非常感恩的。所以，他接受了这个君子协定，决定再留曼联一年。当时，任何人都没有向外泄露这一信息。直到2008年底，弗格森依然坚称C罗不卖，并说出了那句名言："一个病毒都不会卖给皇马。"

不过，据卡尔德隆后来透露，C罗给他打过电话，表示自己半年后会加盟皇马，双方甚至在12月12日这一天就签下了合同：如果C罗不来皇马，或者皇马不买C罗，都要支付给对方3000万欧元的违约金。

C罗虽然留在曼联，但2008—2009赛季还没开始，他就做了膝盖手术，缺席了10周的时间。不过复出之后，他迅速找回状态，8轮英超打入8球。

尤其是2008—2009赛季英超第13轮，曼联主场5比0狂胜斯托克城一战，C罗直接任意球梅开二度，斩获了"红魔"生涯各项赛事的第100球。

也是在2008年11月，C罗第一次赢得了最重要的个人奖项——金球奖。他得到了满分480分里的446分，赢得毫无争议。成为继尤西比奥和路易斯·菲戈之后，第三位捧起金球奖的葡萄牙球员，同时也是曼联历史上第四位获此殊荣的球员。前三位是丹尼斯·劳、博比·查尔顿和乔治·贝斯特——"红魔"的"神圣三位一体"。而在C罗之后，曼联的第五位金球奖得主至今还没有产生。

2009年1月，C罗又荣获"国际足联世界足球先生"，这也是他第一次获此殊荣。

2008年里，C罗还获得了很多奖项：欧足联年度最佳球员、国际职业球员联盟（FIFPro）年度最佳球员、《世界足球》杂志年度最佳球员、欧洲金靴奖、欧冠最佳前锋、欧冠最佳射手、英超金靴奖、英格兰职业球员工会（PFA）最佳球员、英国足球记者协会（FWA）最佳球员、英超官方最佳球员、曼联俱乐部球迷票选最佳球员、曼联赛季最佳球员，入选国际职业球员联盟年度最佳阵容、英超赛季最佳阵容、国际足联年度最佳阵容等。

2008—2009赛季，C罗在英超出场33次，首发31次，打入18球，各项赛事共出战53场，攻入26球，进球数比前一个赛季有不少下滑，但还是帮助曼联完成英超三连冠的伟业，同时还赢得了联赛杯和国际足联俱乐部世界杯（以下简称"世俱杯"）的冠军，成就单赛季的小"三冠王"。

再留一年，C罗完成了自己对弗格森、对曼联的承诺，尽管未能蝉联欧冠冠军，

但欧冠亚军和英超三连冠，依然是一份非常出色的成绩单和告别礼物。接下来，就该弗格森和曼联履行他们的承诺了——放C罗去皇马。

从18岁初临贵境，到24岁荣耀离开，2003年到2009年，6年的时光，3座联赛冠军奖杯，3连冠伟业，196次出场，打入84球。至此，C罗的第一段英超之旅暂时告一段落。征服英超之后，他的下一个战场将是西甲，在那里，C罗将遇到更大的挑战！

第四章
奔赴西甲
君临皇马

早在2003年，皇马就对C罗产生了兴趣。不过，毕竟C罗当时还太年轻，而时任皇马主席的弗洛伦蒂诺·佩雷斯奉行的，又是砸钱买成名球星的"银河战舰"政策，已经斥巨资引进了路易斯·菲戈、齐达内、罗纳尔多、大卫·贝克汉姆、迈克尔·欧文等世界级球星，即便C罗来了，也没有容身之地。

六年后情况已经完全不一样。C罗在曼联成长为世界级巨星，拿过世界足坛最高的个人荣誉——金球奖和"国际足联世界足球先生"，够得上当年菲戈、齐达内等人的分量了。然而，在2006年初，弗洛伦蒂诺从俱乐部的主席职位上辞职。而赢得新主席选举的卡尔德隆想要比肩"老佛爷"（弗洛伦蒂诺的绰号），也需要签下球星，C罗则是当时足坛最大牌、最出色的那位。

2007年初，时任皇马经理的安赫尔·桑切斯与C罗的经纪人门德斯进行了接触，确认了彼此的心意。从那之后，葡萄牙球星开始给曼联管理层和球迷打"预防针"，公开表示自己希望未来能去西班牙踢球。

由于与曼联有合同在身，他不便说得太明了，于是C罗的母亲多洛雷斯站了出来，对着西班牙媒体说出那句名言："我希望在死之前，看到我儿子为皇马效力。"

虽然曼联勉强留了C罗一年，但也深知一年后就真的再也留不住他了。所以，在皇马和C罗签订秘密协议之前，曼联已经与C罗签订了一份秘密协议：7500万欧元的解约金不作数了，任何想要买下他的俱乐部，都需要支付8000万英镑，约合9400万欧元。

然而，合同刚签完不久，皇马内部就出事儿了。卡尔德隆受到指控，被怀疑通

过不正当的方式赢得主席选举。虽然最终他并未获罪，但还是被迫在2009年初辞职。而担任皇马临时主席的维森特·博鲁达认为C罗太贵，于是想要撕毁协议，为此不惜支付3000万欧元的违约金。

然而，C罗根本不愁没有买家，因为巴萨竟然也想要买他。C罗和梅西效力同一支球队？画面太美，简直不敢想象！

不只是球迷不敢想象，皇马更不敢想象，因为那将意味着，未来几年都会被巴萨死死压住，无法翻身。所以，博鲁达赶紧收回成命。而接下来的事情，就交给2009年6月1日再次当选皇马主席的弗洛伦蒂诺了。

"老佛爷"延续了"银河战舰"政策，先砸了6300万欧元，从AC米兰引进了2007年的金球奖得主卡卡，然后履行承诺，以9400万欧元——当时的世界第一天价，从曼联签下了C罗。这是皇马从曼联抢走的第二个7号球员、第二棵"摇钱树"，C罗有着不逊于贝克汉姆的商业价值，而随着网络媒体时代的到来，他的加盟只会让皇马赚得更多。

2009年7月6日的伯纳乌球场，可以容纳八万名球迷的看台，座无虚席，盛况空前，这阵势堪比一场皇马与巴萨的西班牙国家德比。但这一天没有任何比赛要踢，所有球迷只为一个人而来——克里斯蒂亚诺·罗纳尔多，任何比赛也没有他来得重要。

当天，C罗是从里斯本直接飞到马德里的。下了飞机，他直奔医院接受体检，然后前往伯纳乌球场，与皇马的高层、名宿见面。接受完媒体的例行采访之后，C罗穿上了崭新的白色9号球衣，走出球员通道，伴随着八万名球迷的欢呼声，踏上了伯纳乌球场的草皮——直到这一刻，他才真正属于皇马。

2009年8月29日，C罗正式走上了征战西甲的光辉之路。在新赛季首轮皇马对阵拉科鲁尼亚的比赛中，他首发登场。第35分钟，劳尔制造点球之后，C罗站上12码点，重炮轰门一蹴而就，打入了他皇马生涯的处子球，也是西甲生涯的处子球。

随后的3轮联赛，C罗连续破门，前4场西甲比赛竟然打入5球！然而就在他迅速

融入、展现出色状态之时，伤病不期而至：欧冠小组赛皇马面对马赛，C罗被迪亚瓦拉铲伤，缺席将近两个月的时间。

C罗缺席，皇马随即就在之后的比赛中输给了塞维利亚，遭遇赛季首败。更糟糕的是，2009年10月27日，"银河战舰"竟然在西班牙国王杯（以下简称"国王杯"）的赛场上被低级别球队阿尔科孔0比4淘汰，爆出惊天大冷门！

直到11月29日，C罗才重新出现在西甲的舞台上，而且迎来的是个人的第一场西班牙国家德比。只是在与巴萨、与梅西的较量中，皇马和C罗败下阵来，0比

1饮恨诺坎普球场，吞下赛季第二场失利的同时，在积分榜上也被死敌反超，跌至第二。

巨大压力之下，24岁的C罗情绪失控，在2010年1月25日，西甲第19轮皇马对阵马拉加的比赛中他肘击姆蒂利加，拿到职业生涯的第一张红牌。又在欧冠16强出局之后，他拒绝给球迷签名，造成与"美凌格"（皇马球迷）的关系紧张。

2010年4月10日，2009—2010赛季的第二回合西班牙国家德比，是西甲争冠的关键"6分战"。皇马坐镇伯纳乌球场，与巴萨同积77分，若能取胜，就可以把主动权掌握在自己手中。

然而，在比赛的第32分钟，梅西遭到皇马中卫塞尔吉奥·拉莫斯的犯规，巴萨左后卫马克斯韦尔快发任意球，阿根廷球星与哈维配合之后右脚射门，攻破了皇马"门神"卡西利亚斯的十指关。第56分钟，佩德罗再下一城，0比2！就这样，C罗和皇马惨遭双杀，宣告西甲冠军梦想的破灭。

当然，这场失利也并非没有好处，那就是彻底激发了C罗的斗志。最后7轮联赛，皇马豪取6胜1平，葡萄牙人斩获8球，包括在5月5日4比1大胜马略卡一战的帽子戏法，那是他登陆"银河战舰"以来第一次上演帽子戏法。

整个2009—2010赛季，C罗在西甲出场29次，首发28次，打入26球，各项赛事共计出场35次，打入33球。虽然皇马在各项赛事"四大皆空"，尤其是屈居西甲亚军，但C罗在皇马的第一个赛季就能交出如此优异的数据，证明这一笔大买卖值了，只要拥有C罗，皇马距离冠军会越来越近的。

第五章
携手"狂人" 荣膺金靴

2010 年 6 月，弗洛伦蒂诺宣布智利人佩莱格里尼下课，穆里尼奥成为皇马的新任主帅。同为葡萄牙人，又拥有同一个经纪人门德斯，很多人理所当然地认为，穆里尼奥会与 C 罗有着亲密无间的合作关系，不过，两人曾在英超结下过梁子。

2007 年 4 月，当时还是切尔西主帅的穆里尼奥，认为"蓝军"（切尔西的绰号）在对阵米德尔斯堡的比赛中应该获得一粒点球。只谈自己倒罢了，他偏偏扯上了曼联，炮轰弗格森的球队受到裁判照顾。

C 罗被激怒了，公开做出回应，批评穆里尼奥不愿承认失败。"狂人"（穆里尼奥的绰号）的回击更为强硬，竟然声称 C 罗是个骗子，永远无法达到他希望达到的成就。甚至还扯上了 C 罗的童年，认为他家庭困难，没有受过教育，所以才会这么不成熟，不懂得尊重人。

这种带有极强侮辱性的人身攻击，引发了曼联和弗格森的强烈不满。穆里尼奥知道自己理亏，只能打电话给 C 罗道歉，才让这件事情平息过去。

没想到三年多后，两人竟然在皇马成为师徒。旧日恩怨无须再提，C 罗转而开始称赞起穆里尼奥："他在波尔图和国米夺得了很多奖杯，他在皇马也会如此。"穆里尼奥也投桃报李，称赞 C 罗是世界第一，比梅西更强。

克里斯蒂亚诺与穆里尼奥都意识到，彼此必须精诚合作，因为他们拥有一个共同且异常强大的对手——瓜迪奥拉率领的巴萨。他们也深知，弗洛伦蒂诺之所以花重金把他们请来，就是为了打破巴萨对西班牙乃至欧洲足坛的统治，重夺冠军奖杯。

然而刚一照面，皇马就被巴萨打垮了。2010年11月29日，西甲第13轮的国家

23

绝境之神：C罗

德比，皇马做客诺坎普球场。当时C罗的状态非常出色：第8轮皇马对阵桑坦德竞技，他上演职业生涯的首次"大四喜"；第12轮皇马面对毕尔巴鄂竞技，他则完成了帽子戏法。

赛前，穆里尼奥使出了惯用的招数——心理战，讽刺巴萨从未在伯纳乌球场夺得过欧冠冠军。这是在提醒对手并施加压力，就在半年前，"狂人"率领国米在伯纳乌球场问鼎欧冠之前，淘汰的最后一个对手，正是巴萨。

可是，心理战丝毫没起作用。巴萨占据着场面上的绝对主动，进球一个接一个：先是哈维，然后是佩德罗、比利亚，比利亚甚至连进两球。直到伤停补时阶段，巴萨还在进球，替补登场的赫弗伦将比分锁定为5比0。梅西虽然没有进球，但送出2次助攻，而皮克向皇马、向穆里尼奥伸出了5根手指——这是对死敌的最大羞辱。

大雨之中，皇马全场比赛的控球率只有33.6%，射门5次，仅是巴萨的1/3。就连穆里尼奥自己也承认，如果比赛再踢10分钟，皇马可能会输6个甚至7个球。但拉莫斯在第92分钟被罚下场，还是让穆里尼奥保持了一项纪录：11人全员作战

的情况下，从未输给过巴萨，这是"狂人"最后的遮羞布。

踢满 90 分钟，只获得 3 次射门机会，其中仅有 1 次射正，这样的过程和结果，显然无法让 C 罗接受。当瓜迪奥拉将出了边线的球扔回球场时，C 罗过去推了他一把，差点儿引发两队的大规模冲突，C 罗也因此领到一张黄牌，这几乎是他在这场西班牙国家德比中的唯一"收获"。

对于穆里尼奥的战术打法，C 罗也心生不满。"穆帅"将 C 罗确立为战术核心，采取防守反击的打法，这样可以让他获得充分的活动和冲刺空间，同时还卸下了他的防守压力。但与此同时，队友的位置太靠后，让 C 罗感到自己没有获得足够多的支持，孤立无援。

C 罗所拥有的"特权"，也让其他皇马球员心生不满。不满的还有皇马球迷，他们将 0 比 5 惨败的矛头指向了穆里尼奥和 C 罗。于是从更衣室到看台，刚刚加盟皇马第 2 个赛季的 C 罗，似乎已经陷入严重的信任危机当中。

说到底，豪门还是要靠成绩说话。成绩好的时候，一切都是顺风顺水，主教练和头号球星享受掌声与追捧；成绩不好的时候，主教练和头号球星自然也得先站出来"背锅"，接受球迷的批评。特别是这一年的夏天，劳尔离开皇马、转投德甲球队沙尔克 04，C 罗接过了 7 号球衣，"美凌格"对他的要求只会更高。

2011 年 4 月 16 日，又是一场西班牙国家德比，C 罗终于攻破了巴萨的球门，不过是用点球的方式。而有意思的是，梅西也是依靠点球率先打破僵局。

1 比 1 的比分，意味着皇马只能再次"卫冕"西甲亚军，于是 C 罗将怒火发泄到了联赛其他对手身上，最后 4 轮联赛竟然狂轰 11 球：对阵塞维利亚上演"大四喜"，对阵赫塔费上演帽子戏法，对阵比利亚雷亚尔梅开二度，对阵阿尔梅里亚连场双响。

不过在国王杯决赛中，C 罗还是报了一箭之仇。加时赛第 103 分钟，他接迪马利亚传中，头球破门，打入全场唯一进球，帮助皇马 1 比 0 力克巴萨夺冠，也终于拿到了加盟皇马之后的第一座冠军奖杯。

　　2010—2011赛季，C罗在西甲赛场出场34次，首发32次，打入40球，成为西甲历史上第一位单赛季进球超过40球的球员，也因此第一次荣获西甲金靴奖，同时还获得了欧洲金靴奖。他在各项赛事中总计出场54次，贡献53球，进球数突破50球大关，场均接近1球，恐怖如斯！

第六章
击败"梦三"
西甲首冠

皇马与巴萨的纠缠，还没有结束。2011—2012赛季的揭幕战，两队又在西班牙超级杯中重逢，这已经是"皇萨"九个月以来的第六次和第七次碰面了，真乃"不是冤家不聚头"。

首回合比赛在伯纳乌球场打响，梅西进球了，一度帮助巴萨完成逆转；C罗没有进球，但哈维·阿隆索挺身而出，将比分锁定为2比2平。

次回合转战诺坎普球场，一场更激烈的进球大战上演，但真正的主角不是打入1球的C罗，尽管这是他第一次攻陷巴萨的主场，这1球也是他皇马生涯的整整第100球；真正的主角也不是梅西，尽管他梅开二度，完成绝杀；真正的主角不是场上的任何球员，而是场边的穆里尼奥与比拉诺瓦。

终场结束前，马塞洛从背后用"剪刀脚"怒铲法布雷加斯，致使两队球员在场上大打出手。乱战当中，穆里尼奥突然"出手"，做出了一件令人绝对想象不到的事情：用右手戳了巴萨助教比拉诺瓦的右眼！

对此，穆里尼奥辩解称，是巴萨挑衅在先，后来还在发布会上提及比拉诺瓦的名字"Tito"时，直接说成了西班牙语的脏话"Puto"。结果，西班牙足协纪律委员会各打五十大板，对两人均做出停赛处罚。不过穆里尼奥只是禁赛两场，罚款600欧元。并且板子高高举起，轻轻落下：禁赛仅限于西班牙超级杯，不限于西甲联赛和国王杯。

2011年的夏天，皇马内部还发生了一起重大事件：齐达内回来了！他接替巴尔达诺，成为"银河战舰"的足球总监，而他要处理的第一件事情，就是卡西利亚斯、拉莫斯等人对C罗、对穆里尼奥的不满。

还是那个问题：皇马球员都认为，穆里尼奥让他们在防守端付出了太多，只为"成全"C罗。C罗有特权，不用防守，完全自由自在地踢球，只想着进球。而穆里尼奥的"戳眼门"事件，让皇马丢尽脸面，形象大为受损。卡西利亚斯甚至直接找到穆里尼奥，批评他的行为太不得体，两人从此闹翻，再也不说话了。

也许是感到了皇马球员的"排斥"，将帅之间的关系反倒有所缓和。9月下旬，C罗在接受德国媒体《Sport1》（体育一台）的采访时称赞了"穆帅"，"穆里尼奥是我的朋友和教练，我很享受和他一起工作的乐趣。对我来说，他是目前世界上最好的教练。"

但此时的C罗，已经陷入比穆里尼奥"戳眼门"事件更大的争议当中。2011年9月14日，皇马在欧冠客场挑战萨格勒布迪纳摩，有对手球迷冲着C罗高喊"梅西"，还对他进行辱骂，这激怒了C罗。赛后，他说出了那句名言："因为我有钱，我很帅，我还是一个伟大的球员，所以那些人嫉妒我。"

从此，这句名言成为C罗自恋的"实锤"，它还被中国网友总结为三个字——"高富帅"，传遍整个中文网络世界。

9月18日，皇马在西甲第4轮爆冷输给了莱万特，而C罗再次受到对手的特殊"照顾"，脚踝都被踢出了血。赛后，他公开炮轰裁判。9月21日，西甲第5轮，皇马继续客场作战，对手是桑坦德竞技。下飞机之后，C罗面对对方球迷的嘘声，竟然以竖中指作为回应。尽管事后他辩称这是在跟葡萄牙老乡佩佩开玩笑，但一连串的争议性事件，还是将C罗推上了风口浪尖。

那段时间，也许是C罗整个职业生涯最艰难的岁月之一，他所能做的，就是在球场上不断进球，特别是用进球为皇马带来冠军，只有这样，才能让球迷尽快忘记一切负面消息。

于是在西甲的上半程，C罗上演五次帽子戏法，状态可以说是相当火爆。但在最重要的那场比赛中，他还是"哑火"了。

12月10日，西甲第16轮，2011—2012赛季的第一场西班牙国家德比，皇马当时高居积分榜榜首，领先巴萨3分。比赛开场仅22秒，本泽马利用巴尔德斯的传球失误，闪电破门，打入西班牙国家德比历史上最快进球，没有比这更好的开局了。

第24分钟，C罗有机会将优势扩大为2比0：本泽马左路横敲，无人看防的他禁区中路右脚推射，可惜没有打好。而仅仅6分钟之后，浪费机会的惩罚就来了。梅西中路突破后直传，桑切斯禁区弧内右脚单刀低射破门，为巴萨扳平比分。

第52分钟，哈维的右脚射门击中马塞洛的腿部发生折射，助巴萨完成反超。第66分钟，梅西再次挺身而出，突破分球，阿尔维斯右路45度传中，法布雷加斯力压科恩特朗头球冲顶破门，打入第3球。

1比3，皇马输了，在少赛一场的情况下积分被对手追平，西甲争冠变得愈加激烈。而在2012年1月下旬，"皇萨"又在国王杯1/4决赛中重逢，尽管C罗在两回合比赛中各入一球，皇马还是1平1负，惨遭巴萨淘汰，无缘卫冕。

不过，穆里尼奥终究还是展现出了世界顶级教练的风采。"银河战舰"顶住巨大压力，在联赛里开启了11连胜和18场不败的强势风暴，等到2012年4月21日的西班牙国家德比再次到来之前，皇马领先巴萨的优势变成了4分。

这场比赛，无疑将决定2011—2012赛季西甲冠军的归属。而此时，C罗和梅西都已经打入41球，可谓旗鼓相当，所以，他们争的不只是西甲冠军，还有西甲金靴奖。

开场仅3分钟，C罗就差点儿首开纪录。队友角球传中，他在前点头球吊射攻门，巴尔德斯飞身一跃，用指尖将球托出横梁。第17分钟，赫迪拉为皇马取得领先，"银河战舰"在联赛里的进球数达到108球，打破西甲单赛季历史进球纪录（皇马在2011—2012赛季的最终总进球数为121球）。

第70分钟，梅西右路内切后送出直传，伊涅斯塔脚后跟妙传，特略推射被卡西利亚斯扑出，阿德里亚诺补射击中阿韦罗亚，桑切斯的补射又被"圣卡西"单手扑出，但智利球星在即将失去平衡的情况下右脚再射，终于将球送入网窝。

然而巴萨仅仅高兴了3分钟，就立刻陷入绝望，因为C罗来了。

第73分钟，C罗接队友右路直塞，从阿根廷中卫马斯切拉诺的身旁反越位超车，斜插入禁区，单刀面对巴尔德斯，闪开空当后右脚推射破门。

进球后，C罗做出了"冷静"的手势，而队友一拥而上，与他拥抱庆祝。

毫无疑问，这是C罗皇马生涯最重要的进球之一，因为凭借此球，皇马2比1击败巴萨，在联赛仅剩4轮的情况下，将领先优势扩大到7分，夺冠已经几乎没有悬念了。

最终，皇马以100分夺冠，创造历史。C罗终于夺得了加盟皇马以来的第一个联赛冠军，也终于战胜梅西，打破了巴萨"梦三队"的绝对垄断。当然，C罗重新赢得了"美凌格"的信任与支持。

值得一提的是，C罗在曼联的首个联赛冠军，他等了四年，比在皇马要长一年，这对C罗来说也是一种进步。

2011—2012赛季，C罗在西甲出场38次，首发37次，打入46球，还送出12次助攻，可惜比梅西少进4球，无缘金靴奖。他更是在各项赛事中出场55次狂轰60球，继上一赛季的53球之后，连续两个赛季打入至少50球，并且再度刷新了个人的进球纪录。

第七章
"BBC"聚首
两夺金球

　　2012年夏天，皇马从托特纳姆热刺（以下简称"热刺"）引进了克罗地亚球员卢卡·莫德里奇，继续与巴萨争夺联赛冠军。2012—2013赛季的"双雄争霸"，又一次从西班牙超级杯开始。不过此时的巴萨已经陷入"地震"，因为缔造"梦三王朝"的瓜迪奥拉走了。失去了瓜迪奥拉的"红蓝军团"（巴萨的绰号）是否会一蹶不振？皇马能否趁此机会卫冕西甲、称雄欧冠？

　　西班牙超级杯的两回合比赛，C罗各进一球，一次头球破门，另一球则更精彩：脚后跟戏耍皮克，单刀低射建功。此外，他还在第二回合的较量中制造了阿德里亚诺的红牌，令皇马多一人作战。

　　因此，即便梅西也打入一记精彩的任意球，但C罗还是赢了，他和穆里尼奥一起，拿到了皇马生涯的第三个冠军，同时也完成了西班牙足坛的大满贯。

　　然而2012—2013赛季的西甲刚开始，皇马就连遭重创。球队在首轮被瓦伦西亚逼平，次轮惨遭赫塔费逆转，直到第3轮才终于取得新赛季西甲首胜，靠的是谁？当然是C罗。

　　2012年10月7日，西班牙国家德比再次打响。皇马前6轮联赛只拿到10分，在做客诺坎普球场之前，已经落后领头羊巴萨8分。不过C罗的状态非常出色，此前皇马联赛面对拉科鲁尼亚、欧冠小组赛面对阿贾克斯，他连续两场比赛上演帽子戏法。

　　果然，开场第22分钟，葡萄牙球星就率先发威，接本泽马助攻，左脚攻破巴尔德斯的十指关。但梅西立刻还以颜色，9分钟后利用佩佩的解围失误扳平比分。第60分钟，阿根廷人又奉献了"圆月弯刀"式的任意球破门，令卡西利亚斯无可奈何。

但 6 分钟后，C 罗迅速做出回应，单刀破门，同样梅开二度。

正如 2 比 2 的比分一样，C 罗和梅西各自包办了自家球队的全部进球，打出了最势均力敌、难分难解的"梅罗对决"，也让球迷看得如痴如醉、拍案叫绝。但是，平局对皇马来说并非好事，未能缩小分差，意味着他们的卫冕之路变得越来越困难了。

到了国王杯半决赛，竟然又是西班牙国家德比！由于癌症病情恶化，比拉诺瓦在 2012 年 12 月进行手术，无法再担任巴萨主帅一职，助理教练约尔迪·鲁拉暂掌教鞭。而穆里尼奥也通过朋友，向比拉诺瓦送出祝福，两人算是冰释前嫌了。

首回合，皇马主场 1 比 1 战平巴萨。次回合出征诺坎普球场，C 罗闪耀全场，先是自己制造点球并主罚命中，然后又用左脚再下一城，双响建功。相比之下，梅西在比赛中几乎无所作为，未能挽回 1 比 3 的败局。

2013 年 5 月 17 日的国王杯决赛，则变成了马德里德比。联赛里，皇马完成了对马竞的双杀。自 1999 年以来，皇马在同城德比中保持不败。比赛第 14 分钟，队友角球传中，C 罗摆脱乌拉圭后卫戈丁的纠缠，头球叩关得手，攻破了对方门将库尔图瓦的十指关。

不过，迭戈·西蒙尼执教的"铁血马竞"拥有强悍的实力和钢铁般的韧性，尤其是锋线上的哥伦比亚"老虎"法尔考和西班牙前锋迭戈·科斯塔。正是他们，在第 76 分钟联袂制造进球，科斯塔助攻法尔考，将比分扳成 1 比 1 平。

皇马运气也够背的。包括 C 罗的任意球攻门在内，皇马球员三次击中对方门框。第 75 分钟，穆里尼奥更是因为不满裁判判罚，冲出技术区抗议，又被红牌罚下。

比赛战至加时赛第 99 分钟，西班牙中场科克右路传中，巴西中卫米兰达前点甩头攻门，2 比 1！马竞逆转比分。而在第 114 分钟，马竞队长加比对 C 罗犯规，葡萄牙人倒地之后有踢人报复的动作，也被主裁判出示红牌罚下。于是，皇马 14 年来首次输给马竞，并且丢掉了国王杯冠军。

赛季"四大皆空"，穆里尼奥难逃"穆三年"魔咒。他坦然承认："这是我执教生涯最糟糕的一个赛季。"在国王杯决赛结束的三天之后，"狂人"就下课了，要知道就在一年之前，帮助皇马夺得西甲冠军的他刚与球队续约四年。

2012—2013 赛季，C 罗在西甲出场 34 次，首发 30 次，攻进 34 球，场均攻入 1 球。不过梅西在这个赛季进了 46 球，所以 C 罗连续两个赛季未能获得金靴奖。而 C 罗在各项赛事中出场 55 次，打入 55 球，场均进球数同样达到 1 球，连续 3 个赛季进球数 50+。

2013 年 9 月，C 罗与皇马续约 5 年，基础年薪为 1000 万欧元，另外还有 2100 万欧元的浮动条款，一举成为世界足坛薪水最高的球员，合同里还有 10 亿欧元的解约金条款。

而此时，皇马的主帅也已经换成了意大利人安切洛蒂。深谙豪门生存法则的他，知道自己有两大任务：

第一，修复穆里尼奥造成的更衣室内部裂痕，这就需要和 C 罗、拉莫斯两大球员领袖搞好关系。

第二，改变防守反击的保守风格，踢得更有攻势、更漂亮，这同样需要 C 罗的帮助。

于是，安切洛蒂提出 C 罗踢中锋的想法，但是当 C 罗表达了自己的观点，说出自己更想踢左边锋时，意大利人立刻就改弦更张了。C 罗当然知道安切洛蒂的大名，但在以前的印象当中，"安帅"是一个严肃的人。然而第一次见面，他就改变了看法，相处之后，C 罗被对方的性格和为人处世所折服。"他好得不可思议，在我的整个职业生涯里，他是我遇到过最好、最重要的人之一，和他在一起就像一个家，你成了他家中的一分子。"

在 C 罗看来，安切洛蒂做得非常出色的一点，就是保护更衣室不受弗洛伦蒂诺主席的干扰，特别是在球员安排方面。换句话说，就是他坚持树立 C 罗为核心。

当时，C 罗在皇马中的地位其实是受到了严重威胁，因为弗洛伦蒂诺有了自己的新宠——加雷思·贝尔。皇马斥资 1.01 亿欧元从热刺将其签下，这打破了 C 罗保持的转会费纪录。

C 罗虽然与皇马续约了，但在"老佛爷"看来，现在的皇马还离不开 C 罗，需要扶植一个"新C罗"与之抗衡，以便日后能够彻底摆脱"C罗依赖症"。于是，就买来了贝尔，并要求安切洛蒂重用这位威尔士球星。

贝尔出道于南安普敦的青训营，最开始踢的位置是左后卫，2006—2007赛季入选英格兰足球冠军联赛最佳阵容之后，以500万英镑的价格转投热刺。在热刺，贝尔一度创造了一项尴尬的纪录：连续24次英超替补登场，球队都未能赢球，而巧合的是，他的姓氏"Bale"在英文里就有"灾难"的意思。

所幸，贝尔遇到了英格兰老帅哈里·雷德克纳普。因为飞快的速度、超强的爆发力、出众的单点爆破能力，他被雷德克纳普改造为一名左边锋，并在2010—2011赛季欧冠小组赛热刺对阵国米的较量中打爆拥有"世界第一右后卫"之称的麦孔，首回合上演帽子戏法，次回合助攻梅开二度。

2012—2013赛季，贝尔不再担任左边锋，更多出现在右路以及中路，成为中锋身后的前场自由人，充分发挥自己突破过人和内切射门的能力，于是交出33场英超比赛打入21球的出色答卷，一举获得英超联盟官方、职业球员工会、足球记者协会评选出的"三料最佳球员"！

24岁，从英超而来，踢边锋，贝尔难免会被拿来与C罗进行比较。他也通过经纪人向弗洛伦蒂诺提出要求，希望能像C罗那样更多地往中路活动。

"老佛爷"向安切洛蒂施压，没想到意大利人根本不为所动，丝毫没有在压力下屈服。最终，还是这位"老好人"说服了贝尔，让他接受右边锋的位置。

C罗和贝尔都是边锋，都要在边路拿球，但都想往中路内切，必然会挤占中路原本就拥挤的空间。那么中锋该怎么办？如果是一名痴迷于进球、等着边锋来"喂饼"的中锋，必然无法适应皇马的打法。所幸，有本泽马在。

法国中锋本泽马既有出众的球商，又足够无私，愿意做出牺牲，他时常给队友做球，就像C罗在曼联时的队友鲁尼。

于是，本泽马（Benzema）、贝尔（Bale）、克里斯蒂亚诺（Cristiano），名垂青史的"BBC"组合就此诞生！

此外，安切洛蒂还拥有阿根廷国脚迪马利亚。他可以顶替贝尔踢右边锋，可以成为 C 罗在左边锋位置的替补，还能胜任中场，带来更好的攻守平衡。再加上掌控中场节奏的莫德里奇，拖后防守的哈维·阿隆索，"银河战舰"的中前场配置搭建完毕。

新赛季开始之后，C 罗的状态依然非常出色，在西甲第 3 轮打开进球账户之后，连续 4 场比赛破门得分。在第 11 轮皇马 7 比 3 大胜塞维利亚的比赛中，他更是上演帽子戏法，西甲前 14 轮比赛已经打入 17 球。

2013 年，凭借 59 场狂轰 69 球、以一己之力率领葡萄牙队晋级世界杯的惊人表现，C 罗在 2014 年 1 月 13 日举行的国际足联金球奖颁奖典礼上力压梅西和里贝里，职业生涯第 2 次获得金球奖，告慰了 1 月 5 日刚刚去世的葡萄牙传奇球星"黑豹"尤西比奥的在天之灵。

时隔 5 年，C 罗再次捧起金球奖，这也是他效力皇马后的第一次获奖，总算是打破了梅西对金球奖的"四连霸"。

不过乐极生悲的是，2014 年 2 月 2 日，C 罗在西甲第 22 轮皇马对阵毕尔巴鄂竞技的比赛中掌掴对手，被直接红牌罚下，

不得不被禁赛 3 场。

结束停赛之后，他连续 6 轮联赛取得进球，却又遭遇到髌腱炎的困扰。而在 3 月 23 日皇马与巴萨的西班牙国家德比中，C 罗虽然打入点球，但梅西上演帽子戏法，皇马最终 3 比 4 客场告负，也基本无缘西甲冠军。

2013—2014 赛季，皇马仅仅获得西甲第三，排在马竞和巴萨之后。不过，球队在欧冠决赛中击败马竞，夺得冠军。而 C 罗在西甲出场 30 次，全部首发，打入 31 球，各项赛事总计出场 47 次，打入 51 球，连续四个赛季进球 50+！

于是，西甲金靴奖、欧洲金靴奖、欧冠金靴奖、欧足联最佳球员等荣誉纷至沓来。

2015 年 1 月 12 日，C 罗更是蝉联金球奖，得票率达到 37.66%。第二名梅西的得票率是 15.76%，第三名则是 2014 年世界杯冠军德国队球员诺伊尔，他的得票率是 15.72%，C 罗一个人的得票率，就超过了另外两位的总和。

这是 C 罗的第三座金球奖奖杯，完成对迪斯蒂法诺、贝肯鲍尔、基冈、鲁梅尼格、罗纳尔多五大球星的超越，追平克鲁伊夫、普拉蒂尼、范巴斯滕的纪录，而他排在前面的，就只有四夺金球奖的梅西了。

登上领奖台，C 罗深吸几口气，开始发表获奖感言。

他感谢了安切洛蒂、拉莫斯等皇马教练组成员及队友，还提到了梅西。"我从来没有想过能够赢得三次金球奖，但我还不满足，我想要赶上梅西，这只能通过努力去实现。不过我对此并不迷恋，金球奖很好，但更重要的是，这是我继续获得集体荣誉的动力。"

这番话的背后，更多的不是你争我夺，而是惺惺相惜。在颁奖典礼前的新闻发布会上，C 罗半开玩笑地说，希望能和梅西、诺伊尔做队友，梅西也做出友善的回应："我知道很难，但和 C 罗当队友，一定是一件很有意思的事情。克里斯蒂亚诺所做的一切都非常不可思议，他在这个赛季的表现称得上伟大。"

发言结束时，C 罗双拳紧握，突然对着话筒大吼一声，观众席上的安切洛蒂禁不住笑了，因为每次进球之后，C 罗都会这么做。

第八章

三十而立
四大皆空

2014—2015 赛季，C 罗继续在西甲赛场上高呼"Siu"。第 4 轮，皇马客场 8 比 2 横扫拉科鲁尼亚，C 罗上演帽子戏法；3 天之后，皇马在主场 5 比 1 大胜埃尔切，C 罗更是完成"大四喜"；第 7 轮，皇马 5 比 0 横扫毕尔巴鄂竞技，葡萄牙人又完成一次帽子戏法。一波惊人的连续 11 轮进球过后，C 罗竟然打入了 20 球。

他的进球荒仅持续了 1 轮，便在皇马 3 比 0 击败皇家比戈塞尔塔的比赛中包办全部进球。他的状态真的不可阻挡，前 15 轮狂轰 25 球，实在是太疯狂了！

到了 12 月，皇马在世俱杯半决赛中 4 比 0 大胜墨西哥蓝十字，随后在决赛中 2 比 0 击败阿根廷球队圣洛伦索，轻松捧杯。C 罗虽然都没有进球，但在决赛中送出两次助攻，这是皇马首次在这项赛事中夺魁。

不过在 2014 年 8 月的西班牙超级杯上，皇马两回合 1 平 1 负，被马竞复仇成功，丢掉了新赛季的第一座冠军奖杯。而在 C 罗获得金球奖的前后几天，安切洛蒂的球队又在国王杯 1/8 决赛中被马竞淘汰。

值得一提的是，C 罗的女友伊莲娜·莎伊克并没有出现在金球奖颁奖典礼上，这让人嗅到一丝不同寻常的味道。

果然，那不久之后，C 罗就"官宣"两人分手了。

显然，分手给他带来了情感上的沉重伤痛、情绪上的巨大失落。1 月 24 日，西甲第 20 轮，皇马做客挑战科尔多巴，在对方球迷的恶意辱骂之下，C 罗失控了，他踢了对方球员艾迪马尔一脚，并打了对方一巴掌，又与其他球员发生冲突，结果被红牌罚下。不过很快，C 罗就冷静了下来，公开向艾迪马尔道歉。

绝境之神：C 罗

半个月之后，好不容易等到 C 罗结束停赛复出，皇马却再遭重创，在第 22 轮的马德里德比中 0 比 4 惨败，这是自 2010 年 11 月西班牙国家德比 0 比 5 惨案之后，"银河战舰"输过的最惨一战。虽然皇马还排在西甲积分榜第一，但只领先巴萨 1 分。

而 C 罗的另一个举动，更是引起轩然大波！

比赛结束后不久，他就在马德里的豪华酒店里举办 30 岁生日派对。这一消息被泄露出来，引起"美凌格"的强烈不满。要知道，虽然 2014—2015 赛季加盟皇马的哈梅斯·罗德里格斯出现在派对当中，但安切洛蒂、拉莫斯、卡西利亚斯等皇马主要成员，都没有参加。

是的，2015 年 2 月 5 日，C 罗年满 30 岁了。这个年龄，通常是一名职业球员最巅峰的时期，同时也意味着不久之后将要开始走下坡路了。C 罗当然不是普通球员，但他也是人，无法违背自然规律，他还能将巅峰状态保持几年呢？

很多悲观者认为，C 罗快不行了。年龄和伤病是一方面，更主要的原因是，梅西比他小两岁，却得到了两位世界级球星的鼎力相助，这两人甚至比本泽马、贝尔都

要出色。所以，往后几年，C罗大概率都要被梅西压制，拿不到冠军了。

2014年10月25日，西班牙国家德比在伯纳乌球场进行。苏亚雷斯迎来巴萨首秀，结果开场4分钟就助攻内马尔破门。

虽然C罗点球扳平比分，佩佩和本泽马的进球为皇马带来比分上的逆转。但是，巴萨依然有巨大的收获：梅西（Messi）、苏亚雷斯（Suárez）、内马尔（Neymar）组成的"MSN组合"正式诞生，与皇马的"BBC"组合分庭抗礼。

2015年3月22日，西班牙国家德比在诺坎普球场再次打响。巴萨主帅路易斯·恩里克祭出了"MSN"，安切洛蒂则以"BBC"应战，针尖对麦芒，配得上"世纪大战"之名。

第12分钟，C罗率先发威，本泽马禁区左侧传中，他在后点凌空弹射，可惜击中横梁弹出。7分钟后，梅西帮助巴萨首开纪录：左路任意球传中，法国中卫马蒂厄摆脱拉莫斯，小禁区前冲顶破门。

第31分钟，C罗为皇马扳平比分：莫德里奇直塞，本泽马禁区右侧脚后跟妙传，他在点球点附近铲射破门。而这已经是葡萄牙人在西班牙国家德比攻进的第15球，进球数超越普斯卡什、亨托和塞萨尔，追平劳尔，并列历史第三。

然而，皇马还是输了。第56分钟，巴西右后卫阿尔维斯从后场右路送出长传，苏亚雷斯突入禁区右侧，斜射远角破门，为巴萨把比分锁定在2比1。"MSN"击败了"BBC"。

此战过后，安切洛蒂的球队已经落后对手4分，夺冠形势不妙。最后10轮，皇马全力冲刺，在西甲赛场豪取9胜1平的不败战绩，只丢了2分。而在皇马9比1血洗格拉纳达的比赛中，C罗甚至打入5球，职业生涯第一次上演"巴掌戏法"！

可是，巴萨也没有掉链子，最后10轮比赛取得8胜2平的战绩，同样保持不败，而且只丢了4分，成功保住领先优势。最终，92分比94分，尽管坚持努力到了最后一刻，皇马还是以2分的微弱劣势，痛失西甲冠军。

不过在个人数据上，C罗依然神勇，2014—2015赛季，他在西甲出场35次，

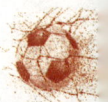

全部首发，有 48 球入账，并蝉联金靴奖，各项赛事总计出场 54 次，打入 61 球，突破 60 球大关。

穆里尼奥拿到了西甲冠军，但没有拿到欧冠冠军，所以他被解雇了。安切洛蒂拿到过欧冠冠军，是皇马夺得欧冠第十冠的主要缔造者之一，但他没有能够卫冕成功，所以，难逃弗洛伦蒂诺无情的"屠刀"。

其实，虽然赛季"四大皆空"，但皇马毕竟取得过22连胜的佳绩，夺得世俱杯冠军，闯入欧冠半决赛，并没有那么失败和不可接受。而且安切洛蒂赢得了球员支持，尤其是C罗。他在社交媒体上公开发声，称赞安切洛蒂是一个伟大的教练、伟大的人，希望下赛季能继续合作，但这无法改变"老佛爷"的心意。

此时，弗洛伦蒂诺已经选择了西班牙人拉斐尔·贝尼特斯。与安切洛蒂相同的是，贝尼特斯是当世名帅，执教过多家欧洲豪门球队，也有问鼎欧冠的辉煌经历，尤其是2005 年的"伊斯坦布尔奇迹"，更是他平生的得意之作。

而且，贝尼特斯还有皇马的"DNA"，球员时代曾为皇马的青年队踢球，后来也执教过 B 队，一直以来，都以担任"银河战舰"的主教练为自己的毕生理想。利物浦名宿卡拉格就说过："贝尼特斯在利物浦执教时，隔三岔五就会说皇马给他开了合同。他真的很想成为皇马的主帅。"

与安切洛蒂不同的是，贝尼特斯绝对不是一个"老好人"。他完全痴迷于足球，追求完美主义，对球员非常严厉，要求极其严格，不太懂也不愿意懂人情世故。如何与球星相处，让他们为自己卖命？一直都是"贝大帅"执教生涯遇到的最大难题。其实，弗洛伦蒂诺聘请他的真正目的，不是为了掌控更衣室，而是为了打压 C 罗，扶植贝尔。

早在 2015 年 3 月，这位皇马主席就公开表白自己的心意："贝尔永远都不会离开皇马，我们也不会听取任何关于他的报价。贝尔是一名关键球员，为皇马做出了很多贡献，绝对可以被视为皇马的未来支柱，就像我无法想象皇马没有 C 罗一样，我也肯定无法想象皇马没有贝尔。"

他说这话时，贝尔的表现非常糟糕，已经遭遇9场进球荒，正在饱受媒体的批评，主力位置不保。安切洛蒂也不愿意把他放到中路，让他抢占C罗的地盘。在这样的关头，"老佛爷"出面发言力挺，重点当然不是"不能没有C罗"，而是"不能没有贝尔"，指明贝尔才是皇马的未来。

在弗洛伦蒂诺的指示下，贝尼特斯决定树立贝尔为核心。刚一上任，他就跑到威尔士队，去和贝尔促膝长谈。2015—2016赛季开始后，"大圣"（贝尔的绰号）果然出现在了他最想要的中路位置，要么踢前腰，要么踢前锋。而在贝尼特斯的口中，C罗变得和贝尔、本泽马、哈梅斯·罗德里格斯等队友一样，只是"世界最佳球员之一"。

对此，C罗相当不满。

他当然有理由也有资格不满，因为葡萄牙人是皇马的头号球星、欧冠第一射手、夺得西甲和欧冠冠军的最大功臣，现在却要让出自己的核心位置，凭什么？

所以从一开始合作，这对将帅之间就产生了巨大的裂痕，而以两人都非常强硬的性格，谁都不会妥协，裂痕只会越来越大。

让C罗不满的，还有贝尼特斯的训练方式。曾有传闻称，贝尼特斯当面教导过C罗如何射门和主罚任意球，这让C罗感到被羞辱。但来到中国执教后，贝尼特斯亲口否认过。

另一个传闻，说的是贝尼特斯曾送给C罗一个U盘，指导他如何跑位，C罗气愤地回击："我也送他一个U盘，里面有我的进球集锦。"意思很明显：你算啥？没资格教我。

事实证明，贝尼特斯和弗洛伦蒂诺都失策了。贝尔确实有实力，在新赛季开局的表现也确实不错，甚至奉献过助攻帽子戏法，但随即便遭受伤病的困扰。复出之后，"大圣"重新找回状态：对阵巴列卡诺上演"大四喜"，面对拉科鲁尼亚完成帽子戏法，然后，他又伤了。

所以，不管被动还是主动，皇马终究还是得以C罗为核心。

虽然与贝尼特斯不和，但在2015年9月12日的西甲第3轮，C罗还是如天神下凡般上演"巴掌戏法"，并送出1次助攻，一人独造全部6球，率领皇马6比0击败西班牙人！

不过，C罗在西甲里的表现有些高开低走，他经常只能在中下游球队身上"刷"进球数，到了强强对话，却颗粒无收。尤其是第12轮的国家德比，梅西都不用首发，

苏亚雷斯和内马尔两个人就大闹伯纳乌球场，令"BBC"三人组相形见绌，巴萨也最终豪取 4 比 0 大捷，差点儿就复制了 5 比 0 惨案。

折腾半天，重树核心，却把"BBC"组合给彻底用废，是贝尼特斯的一大罪状；不只 C 罗，他还把拉莫斯、本泽马、马塞洛等核心球员都得罪了一遍，破坏更衣室团结，又是一大罪状；国王杯违规使用切里舍夫，皇马被判提前出局，更是闹出天大的笑话；再加上糟糕的战绩，"贝大帅"已经到了神憎鬼厌的地步，"美凌格"用脚投票，拒绝去现场看球，又导致伯纳乌球场的上座率下降，就连"老佛爷"也跟着被球迷骂。

一连串恶性的连锁反应，是可忍，孰不可忍？于是，2016 年 1 月 5 日，皇马官方宣布：贝尼特斯下课！

在新闻发布会上，弗洛伦蒂诺掷地有声地说："我们已经结束了与贝尼特斯的合同，任命齐达内为皇马的新教练。我们感谢贝尼特斯最近几个月的工作。齐达内是历史上最传奇的球星之一，2014 年以助教的身份帮助皇马赢得第十个欧冠冠军。他已经为这个位置准备好了。从现在起，齐达内，你就是皇马的主教练！"

只是不知此时的"老佛爷"，是否已经预料到齐达内将会给皇马带来什么？

第九章

相逢"齐祖" 再夺西甲

　　齐达内有一项穆里尼奥、安切洛蒂、贝尼特斯三个人都没有的巨大优势，那就是很多皇马球员都是看着他踢球长大的，视他为偶像。C罗可以反感贝尼特斯教他射门，教他任意球，教他带球和跑位，但绝对不会反感齐达内教他做这些，因为在技术细节层面，"齐祖"（齐达内的绰号）都是最顶尖的存在，他在训练场上随便秀一下，皇马的球星都未必能够复制。

　　C罗承认："齐达内还踢球时，就是我的偶像。现在成了教练，我依然崇拜他，特别佩服他指导球员的方式，与球员相处的方式。我们更受重视，感受到他的温暖。"

　　齐达内还有其他优势：充满人格魅力，威望和情商极高，而且深谙顶级球员的心理，能够迅速赢得手下的完全信任，能够稳稳地掌控更衣室，不会重蹈穆里尼奥和贝尼特斯的覆辙。

　　当然，论执教经验，"齐祖"完全比不上这两位拿过欧冠冠军的名帅，但他的执教天赋和学习领悟能力，实在惊人。球迷爱称他"齐玄宗"，说他赢球就靠玄学。其实不然，玄学的真正奥义，是他打造出了一支攻守更加平衡的球队，而这集中体现在对巴西后腰卡塞米罗的提拔和重用上。

　　齐达内执教后的首场西班牙国家德比，就大胆起用这个年轻人，结果他毫无畏惧，在大场面中应对自如，很好限制住了梅西的发挥。而本泽马和C罗的进球，帮助皇马2比1完成逆转，报了首回合0比4惨败之仇。

　　在皇马的"433"阵形当中，卡塞米罗出任单后腰，坐镇防线之前，独当一面。他的跑动范围广、扫荡能力强，让"银河战舰"没有了后顾之忧。莫德里奇和托尼·克

罗斯与之搭档，凭借强大的技术能力，完成对中场的掌控。

身后有这样的中场三人组坐镇，前场的"BBC"组合就可以更加肆无忌惮地投入进攻。齐达内明确表示，只要他们仨不伤，就会一直首发，而C罗是皇马的灵魂，拥有很高的战术自由。再次确立了葡萄牙人的核心地位，这令C罗非常满意。

在齐达内的带领下，皇马在最后12轮联赛取得全胜，还制造过7比1皇家比戈塞尔塔、5比1赫塔费这样的大比分胜利。可惜的是，皇马在西甲第26轮0比1负于马竞，还是让其吞下了苦果。最终，皇马积90分，以1分之差不敌巴萨，屈居西甲亚军！但相比于贝尼特斯下课时皇马排名第三，落后当时的榜首马竞4分，这已经是非常明显的进步了。

更重要的是，齐达内执教的第一个赛季，就夺得了欧冠冠军，证明自己是皇马的"真命天子"。而C罗在2015—2016赛季西甲出场36次，全部首发，贡献35球，各项赛事总计出场48次，打入51球。

2016年夏天，C罗如愿以偿地夺得了欧洲杯冠军，不过由于在欧洲杯决赛中受伤，他直到9月才伤愈复出，并因此错过了欧洲超级杯。而复出首战，C罗就攻破了奥萨苏纳的球门，斩获赛季首球。

11月19日的西甲第12轮，皇马客场3比0大胜马竞，C罗成为比赛的主宰者。第23分钟，他标志性的右脚任意球直接轰门，球经过折射之后攻破了奥布拉克的十指关！

第71分钟，C罗制造点球并主罚命中，梅开二度。第77分钟，贝尔反击中送出助攻，葡萄牙人垫射破门，上演帽子戏法。欧冠决赛结束5个月之后，C罗率领"银河战舰"再次击败马竞。而更重要的是，他以18球超越皇马传奇巨星迪斯蒂法诺，成为马德里德比的"历史射手王"。

12月12日，2016年金球奖的颁奖典礼举行。从这一年开始，金球奖与"国际足联世界足球先生""分家"，回归全媒体投票，由全球173位知名媒体人投票选出。而C罗获得了745分的超高分，远高于第二名梅西的316分和第三名格列兹曼的

198 分，职业生涯第四次荣获金球奖，也超越了普拉蒂尼、克鲁伊夫和范巴斯滕的获奖次数。

12 月 18 日的世俱杯决赛，C 罗再次决定了比赛的胜负。开场第 4 分钟，本泽马就闪电破门，但主场作战的日本球队鹿岛鹿角连进两球完成反超。第 60 分钟，C 罗点球破门，将比分扳平。而在加时赛，他更是打入两球，最终率领皇马 4 比 2 取胜，三年内第二次捧起该项赛事的奖杯。

2017 年 1 月 9 日，"分家"之后的国际足联年度颁奖典礼在苏黎世举行，C 罗以 34.54% 的得票率当选"国际足联世界足球先生"；梅西的得票率是 26.42%，排名第二；第三名格列兹曼的得票率则只有 7.53%。

C 罗还正式公开了他的新女友——乔治娜·罗德里格斯。两人带着大儿子"迷你罗"一起盛装出席，C 罗已经彻底忘掉旧爱，开启新的感情生活。而乔治娜也确实是 C 罗的"真命天女"，遇到她之后，C 罗收获了真正的爱情，从此完全收心，再无绯闻，恩爱至今。

整个 2016 年，C 罗的团队荣誉包括欧冠冠军、欧洲杯冠军、欧洲超级杯冠军、

世俱杯冠军等，还拿到了 16 项个人荣誉，包括金球奖、"国际足联世界足球先生"、欧足联最佳球员、世俱杯最佳球员奖、欧洲最佳运动员奖、《队报》最佳球员奖等，无疑达到了职业生涯的巅峰。

进入 2017 年之后，皇马在西甲的表现还是十分稳定，在赛季第二次西班牙国家德比到来之前的 16 轮联赛里，赢下了其中的 12 场，高居积分榜榜首，领先第二名巴萨多达 6 分。

4 月 23 日，西甲第 33 轮，齐达内的球队做客诺坎普球场，2 比 3 不敌"红蓝军团"，这个赛季与巴萨的交锋战绩 1 平 1 负，而梅西双响建功，星光也盖住了寸功未立的 C 罗。

不过皇马依然领先 3 分，手握主动权。最后 6 轮，球队稳扎稳打，取得全胜，其中还包括 6 比 2 横扫拉科鲁尼亚。C 罗则轮休两场，4 场比赛轰入 6 球，最终还是以 3 分优势从死敌手中夺回了联赛冠军。

这是 C 罗的第二座西甲冠军奖杯。2016—2017 赛季，他在西甲出场 29 次，全部首发，攻进 25 球，自 2010 年以来第一次单赛季联赛进球数没有达到 30 球大关。

这主要是由于齐达内对他的谨慎使用，也只有德高望重如"齐祖"这般，才能说服 C 罗轮休。不过各项赛事，葡萄牙人依然交出 46 场 42 球的答卷，连续七个赛季进球 40+，并用 13 场 12 球的成绩帮助皇马成功卫冕欧冠！

第十章
荣誉满载
告别皇马

在场外，C罗遇到了大麻烦。根据西班牙检察官的指控，从2011年到2014年，他分别涉嫌偷税140万欧元、160万欧元、320万欧元以及850万欧元，总计1470万欧元！若是罪名成立，这四次偷税漏税将会令他分别面临至少一年、两年、两年和两年刑期，罪行累计起来，最高可被判处七年监禁。

如果C罗愿意缴纳罚款的话，他很有可能得到减刑。若能获得3/4的减刑，他的刑期将为21个月。而按照西班牙法律，初犯刑期在24个月以内的，可以通过缴纳罚金等方式，避免真实入狱。

梅西曾经也陷入过逃税风波。2016年，巴塞罗那法庭认定他和他的父亲豪尔赫·梅西在2007年到2009年期间，涉嫌逃税410万欧元，被判入狱21个月，并缴纳370万欧元的罚款。由于初犯刑期不满24个月，而且已经主动缴纳税款，所以梅西并不需要真正地进入监狱服刑。

当时正在备战联合会杯的C罗回应："我对此问心无愧！"皇马官方也表达了对他的支持："皇马对C罗完全信任，俱乐部相信他已经依法履行了纳税义务。自从2009年加盟皇马以来，C罗始终表现出自愿纳税的态度。皇马相信C罗会在案件的审理中证明自己的清白，俱乐部希望相关部门尽快采取行动，以证明C罗的清白。"

只是，这桩"丑闻"却始终纠缠着C罗不放。2018年世界杯小组赛葡萄牙队与西班牙队一战之前，西班牙法庭突然宣布，C罗因为涉嫌偷税漏税，被判处两年监禁，并处1880万欧元罚款。而直到2019年1月22日，这起案件才算是真正的了结：C罗出席庭审，接受1880万欧元的罚款以及23个月的缓刑，无须入狱。

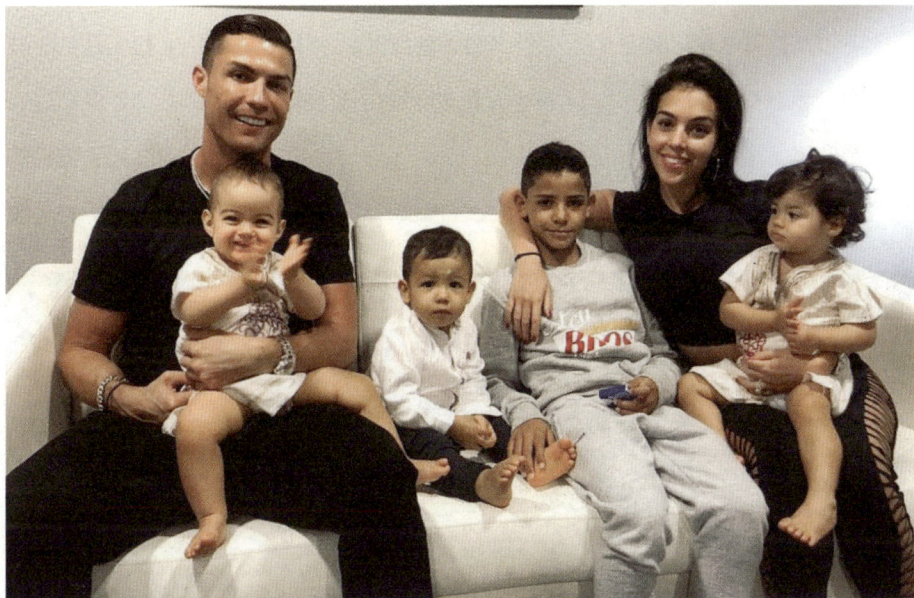

不过好在这起风波过后，C罗收到了巨大的喜讯。2017年6月，他喜得一对龙凤胎。同年11月，他的第四个孩子降生了，这是C罗与女友乔治娜所生的第一个孩子，取名玛蒂娜。娇妻美眷，儿女成群，C罗的家庭生活如此美好，而有了如此坚强的后盾，他可以全身心地投入全新的征程当中了。

2017年8月8日，皇马在欧洲超级杯对阵上赛季欧洲足联欧洲联赛（以下简称"欧联"）冠军曼联。面对老东家，C罗没有进球，但"银河战舰"还是2比1击败了曼联，先拿一冠。

然而，2017—2018赛季刚开始，C罗又遭当头一棒。西班牙超级杯皇马对阵巴萨的首回合比赛，他虽然打入一球，但在第82分钟被主裁布尔格斯认定假摔，吃到第二张黄牌，两黄变一红，被罚下场！气愤之下，C罗推了布尔格斯一把，这个出格的动作也被后者写进了赛后的裁判报告里。

依据规则，推搡拉扯裁判将被判4至12场禁赛。最终，西班牙足协纪律委员会

对 C 罗做出了追加 4 场停赛的处罚。这样一来，他不仅将缺席超级杯次回合的较量，还将无缘新赛季的西甲前 4 轮比赛。

不过，这并未影响他在个人荣誉上的满载而归。2017 年 8 月 24 日，还处于禁赛期的 C 罗获得了 2016—2017 赛季欧足联年度最佳球员，成功蝉联。10 月 23 日，他又蝉联了"国际足联世界足球先生"。12 月 7 日，C 罗在巴黎高高举起了自己的第五座金球奖奖杯，左手伸出的五根手指，代表着他追平了梅西的纪录，成为世界足

球历史上夺得金球奖次数最多的球员之一！

然而解禁复出之后，C 罗在西甲赛场上陷入久违的进球荒，赛季上半程 19 轮战罢，竟然只打入 4 球。所幸，在世俱杯上，他找回了进球的感觉。半决赛皇马对阵阿布扎比，C 罗扳平比分，超越梅西、苏亚雷斯等人，成为改制后的世俱杯"历史射手王"；决赛对阵巴西球队格雷米奥，他更是任意球破门，打入全场唯一进球，率领"银河战舰"1 比 0 险胜格雷米奥，拿到赛季第二冠。

迈入 2018 年，C 罗终于迎来大爆发，对阵拉科鲁尼亚和瓦伦西亚连场双响，

对阵皇家社会上演帽子戏法，对阵赫罗纳更是完成"大四喜"！下半程，他在西甲出场 13 次，其中有 12 场比赛取得进球，只有第 22 轮皇马与莱万特一战他未能进球，在这期间一共打入 22 球。

遗憾的是，由于前面挖的"坑"实在太大，皇马最终落后巴萨 17 分之多，只获得了西甲季军。不过欧冠改制以来史无前例的三连冠，还是让"银河战舰"取得了空前的成功。

2017—2018 赛季，C 罗在西甲出场 27 次，全部首发，贡献 26 球，欧冠出场 13 次，打入 15 球，各项赛事共计出场 44 次，打入 44 球，场均 1 球，效率依然非常高！

欧冠决赛结束后，C 罗接受采访时说出了震惊全世界的一句话："有些事情要发生了。我已经忍受了很久！一周之内，我会宣布自己未来的决定。"暗示自己将要离开效力九年的皇马。

一周之后，C 罗没有兑现自己的诺言，反倒是齐达内在 5 月 31 日率先公布了自己的决定：主动辞职，功成身退！而"齐祖"的离开，更让葡萄牙人坚定了离队的决心。

于是 2018 年 7 月 10 日，世界足坛最具轰动效应的转会诞生了：C 罗正式告别皇马，加盟尤文，转会费 1 亿欧元，另有 2000 万欧元的附加条款，这创造了 30 岁以上球员的转会费纪录。

那么 C 罗为何会离开皇马呢？

有人认为是钱：他在皇马的最后一份合同，年薪是 2100 万欧元，低于内马尔的 3700 万欧元，甚至连梅西 5000 万欧元的一半都不到。而皇马开出的续约合同里，年薪只有 3000 万欧元，这让 C 罗感到很受伤。

但这种观点显然站不住脚，因为 C 罗在尤文的年薪就是 3000 万欧元，如果是钱的原因，那么他还不如留在皇马呢，何必去一个完全陌生的环境呢？而且，如果想赚更多的钱，C 罗当时完全可以来中国踢球，中国的豪门球队绝对会为他挥舞钞票，心甘情愿地奉上超过皇马、尤文五倍的薪水。

真正的原因，是他在皇马感受不到认可与信任。换句话说，弗洛伦蒂诺想要把

他赶走。虽然C罗是在"老佛爷"的任期里加盟皇马的，但他其实是前任主席卡尔德隆力主引进的，并非弗洛伦蒂诺的"自己人"。"老佛爷"对此一直耿耿于怀，高价买入贝尔，就是想让威尔士球星取代C罗。

而在C罗饱受逃税风波困扰时，皇马也只是给予口头上的支持，实则并没有通过俱乐部的官方身份给予支持和帮助，私下里给他推荐的几个法务代理，反倒给球员惹上了麻烦。2017年西班牙超级杯，C罗遭到禁赛5场的处罚，皇马也没有积极为他申诉，这些都让C罗感到无比寒心。

归根结底，还是弗洛伦蒂诺认为C罗年纪太大了，养着太贵了，既然能赚回1亿欧元的转会费，还能甩掉薪资上的巨大包袱，何乐而不为？反正这不是他第一次抛弃俱乐部功勋了，耶罗和劳尔不就是被他赶走的吗？所以他根本没有任何心理负担和压力。

"感谢俱乐部，感谢主席，感谢教练，感谢我的队友，感谢所有技术人员、队医、理疗师，还有所有在这里工作的人们……还想再一次感谢我们的球迷，也想要感谢一下西班牙足球。"这是C罗在亲笔告别信中所述。但在2018年10月接受《法国足球》杂志采访时，他吐露了心声："我感觉在俱乐部内部，尤其是主席，并没有像一开始那样重视我了。在皇马的前四五年时间里，我能感受到我就是C罗。但之后，这种感觉越来越少了，主席看我的眼神意味不同了，就好像我不再是他们不可或缺的一员，这就是我离开皇马的原因。"

第十一章
转投尤文
称霸意甲

皇马不要C罗，但是尤文需要。尤文是意甲的霸主，已经完成联赛七连冠的伟业，在意大利国内找不到对手，可是"斑马军团"上一次夺得欧冠冠军，已经是1996年的遥远往事了，这与"意甲第一豪门"的身份不符。

更何况，C罗能给"斑马军团"带来的不只有竞技价值，还有极高的经济价值、商业价值，能卖球衣、拉赞助、吸流量、涨粉丝。他所带来的这些场内场外的效应，都能让尤文超越国米、AC米兰等劲敌，在意大利足坛独领风骚。所以，尤文才会毫不犹豫地掏出了1亿欧元的转会费，买来一位已经33岁的老将。

如果单纯从身体规律与体育科学的角度来看，33岁的年纪老吗？对于大多数球员而言确实如此，职业生涯最辉煌的岁月已经过去，该找个地方养老或者淘金了。但对于C罗而言，还远远谈不上一个"老"字。离开皇马之后，他有了更充足的动力，来证明自己"廉颇未老"，证明不是自己不行了，是皇马卖错了人。

2018—2019赛季的意甲前3轮，C罗射门23次，却总是运气欠佳，未能打开进球账户。直到9月16日第4轮尤文对阵萨索洛一战，第50分钟，迪巴拉角球传中，博努奇背身一勾，费拉里头球解围，球顶到自家门柱后弹回，C罗补射得手，终于斩获了代表尤文的处子球！

第64分钟，埃姆雷·詹中路分球，C罗禁区内右脚一领，左脚低射远角得手，梅开二度！这就是皇马"历史射手王"、西甲金靴奖得主、欧冠金靴奖得主、欧洲金靴奖得主的实力，"Siu"的呼声响彻整个都灵城。

不过离开皇马之后，C罗却与个人荣誉暂别。2018年8月30日，他虽然入围欧足联年度最佳球员的前三名，却输给了前队友莫德里奇。9月24日，C罗在"国际足联世界足球先生"的评选中再次不敌莫德里奇，他没有参加国际足联的颁奖典礼，也引发不小争议。

回到意甲赛场，葡萄牙人连续进球，前14轮联赛就已经打入10球。而有了C罗，尤文的表现也相当凶猛，豪取开局8连胜，半程取得17胜2平的战绩，竟然只丢了4分。

即便是那两场平局，也是C罗帮助"斑马军团"保住的不败金身。第18轮对阵亚特兰大，尤文一度1比2落后，是C罗在第78分钟头球破门，扳平比分。

第22轮尤文与帕尔马的进球大战，C罗更是大发神威，一人贡献2球1助攻。第36分钟，他在禁区左侧用一脚"扫堂腿"式的右脚射门打破场上僵局；第62分钟，C罗头球后蹭，鲁加尼扫射得手；第66分钟，曼朱基奇右路传中，C罗高高跃起，用无解的滞空能力大力头球攻门。球弹地进入网窝，对方门将根本无法反应。可惜的是，热尔维尼奥连进2球，尤文只能与对手3比3握手言和。

直到2019年3月17日，尤文在意甲第28轮0比2负于热那亚，才吃到了

2018—2019 赛季的联赛首败，而那场比赛，C 罗正好进行了轮休。之后，他又在意大利国家队比赛中拉伤大腿，因此缺席了 4 轮比赛。

4 月 27 日，意甲第 34 轮，尤文做客梅阿查球场挑战国米，第 62 分钟，皮亚尼奇脚后跟送出妙传，C 罗左脚劲射破门，首次在意大利国家德比中进球，也打入俱乐部生涯第 600 球，帮助球队带走 1 分。

最终，尤文提前 5 轮夺得联赛冠军，完成八连冠的伟业。C 罗加盟的第一个赛季就问鼎意甲，成为历史上第一位先后称霸英超、西甲和意甲三大联赛的球员。C 罗在 31 场意甲中首发 30 场，攻进 21 球，排名射手榜第二，各项赛事共计出场 43 次，打入 28 球。

2019 年夏天，C 罗又夺得了国家队生涯的第二冠——欧洲国家联赛（以下简称"欧国联"）冠军，不过新赛季回到俱乐部，他遇到了一位新的教练。从切尔西下课的萨里接替阿莱格里，成为尤文的新任主帅。萨里推崇攻势足球，这样的战术理念本来应该很适合 C 罗，但是尤文的阵形从"433"变成"4312"再变回"433"，迪巴拉甚至都客串起了伪中锋，而 C 罗却迟迟无法在战术体系中找到自己的位置，结果前 10 场联赛只有 5 球入账。

直到进入 12 月，C 罗才适应了萨里的打法，与迪巴拉的配合也越来越默契。于是从第 14 轮尤文对阵萨索洛开始，连续 11 场意甲他都有进球入账，一共打入 16 球，一举追平了巴蒂斯图塔和夸利亚雷拉保持的意甲连续进球场次的历史纪录。

尤其是第 17 轮尤文面对桑普多利亚，C 罗打入了令人瞠目结舌的一球：第 45 分钟，桑德罗左路下底传中，C 罗高高跃起，头球破门。根据统计，C 罗起跳之后，身体距离地面最大距离为 71 厘米，头部触球瞬间离地 2.56 米，空中停留了 1.5 秒。意大利媒体惊呼：这就是足坛版的"飞人"乔丹啊！

第 18 轮尤文与卡利亚里一战，C 罗更是上演了意甲生涯的第一次帽子戏法。

由于受到新冠肺炎疫情的影响，意甲从 2020 年 3 月起停摆，直到 6 月才恢复。不过，C 罗的状态没有受到影响，复赛之后连续 6 轮破门，一共斩获 7 球。暂时"熄火"

一轮后，他又在第 34 轮尤文对阵拉齐奥的比赛中梅开二度，收获意甲生涯第 50 球，成为历史上第一位在英超、西甲和意甲都至少打入 50 球的球员。

最终，尤文提前两轮夺冠，实现意甲九连冠，创造了五大联赛的最长连冠纪录。2019—2020 赛季，35 岁的 C 罗状态更加出色，33 场联赛全部首发，打入 31 球，各项赛事共计出场 46 次，打入 37 球，更是打破了球队尘封 95 年之久的单赛季进球纪录。

第十二章

第一射手
三大金靴

2020年夏天，尤文再次经历换帅风波，萨里虽然帮助球队拿到意甲冠军，但依然难逃下课的命运，刚刚担任尤文青年队教练10天的皮尔洛匆匆走马上任。皮尔洛被视为"尤文的齐达内"，至少有一点和"齐祖"一样，那就是非常依赖C罗。

2020—2021赛季意甲首轮，C罗就攻破了桑普多利亚的球门。第2轮对阵罗马，尤文两度落后，是葡萄牙人挺身而出，两次扳平比分，而打入的第2球，又是一记逆天头球。经过意大利媒体测算，他是在2.28米的高度完成头球攻门的。

然而，新冠肺炎疫情给足球、给世界带来的巨大影响，让强壮的C罗也难以避免"中招"。2020年10月，他不幸感染新冠病毒。所幸，新冠病毒对他的身体健康与竞技状态没有造成太大影响。休战19天之后，C罗强势复出，在第6轮对阵斯佩齐亚的比赛中梅开二度。

尤文的开局其实也算不错，前13轮一直保持不败，直到12月22日输给佛罗伦萨，才遭遇新赛季意甲首败。

不过在2021年1月17日的意大利国家德比中，尤文客场0比2不敌国米，上一次输给对手还要追溯到2016年9月18日，C罗打满全场，虽然打入1球，但被判越位无效。少赛1场的情况下落后榜首7分，"斑马军团"的卫冕前景已经变得黯淡了许多。

3天之后，尤文在意大利超级杯2比0击败那不勒斯。C罗在第64分钟抢点破门，职业生涯的总进球数达到760球，超越奥地利传奇球星约瑟夫·比肯，成为官方认证的足坛"历史射手王"。

这 760 球，C 罗用了 1040 场正式比赛，代表皇马打入 450 球，代表曼联打入 118 球，代表尤文打入 85 球，代表葡萄牙体育打入 5 球，代表葡萄牙队打入 102 球。这 760 球里，有 136 次梅开二度，56 次帽子戏法，8 次"大四喜"，1 次"五子登科"。

　　5 月 15 日，意甲第 37 轮，也就是倒数第 2 轮比赛，尤文主场迎战已经提前夺冠的国米。C 罗在第 24 分钟主罚点球，虽然被汉达诺维奇扑出，但他随即补射入网，为尤文首开纪录。最终，"斑马军团" 3 比 2 险胜国米，虽然仅仅获得第四，但还是搭上了欧冠的末班车。

　　4 天之后，尤文在意大利杯决赛中 2 比 1 战胜亚特兰大，这样一来，C 罗就完成了在意大利赛场上的大满贯，更成为历史上第一位在欧洲五大联赛中的三家联赛实现国内所有赛事全满贯的球员。

2020—2021 赛季，C 罗在 33 场意甲中 31 次首发，打入 29 球，第一次获得意甲金靴奖，也成为历史上第一位荣获英超、西甲和意甲三大联赛金靴奖的球员。他在各项赛事中共计出场 44 次，有 36 球入账，场均进球依然接近 1 球。

第十三章
重返曼联
再战英超

　　C罗和尤文的合同原本还剩一年，但他离队的意愿非常坚决，甚至在没有确定下家的情况下就清空更衣柜，与队友道别。

　　至于离队的原因，一方面，C罗效力尤文三年，虽然拿遍国内冠军，但始终未能在欧冠赛场上取得成功，非但没有复制皇马的伟业，反倒被指责为出局的罪人，这让他无法接受。

　　另一方面，2021年夏天，皮尔洛下课，阿莱格里回归尤文，C罗失去了不可撼动的核心地位，而且也不在"斑马军团"的未来计划当中，这也让他心生去意。

　　早在2020欧洲杯期间，C罗的经纪人门德斯就已经开始运作转会，皇马和巴黎圣日耳曼都是谈判对象。但是，皇马更希望得到年轻的姆巴佩，不惜派出主帅安切洛蒂否认传闻，于是，C罗也在社交媒体辟谣，称自己不会重返皇马。

　　巴黎圣日耳曼则抓住机会签下了梅西。虽然"梅罗组合"很有吸引力，但考虑到二人的年薪，以及更衣室的稳定，法甲豪门遂决定这个夏天不再考虑C罗。

　　此外，西班牙媒体还透露，门德斯甚至把C罗推荐给了巴萨，但拉波尔塔以"没钱"为由拒绝了。

　　2021—2022赛季意甲第1轮，C罗没有首发，外界普遍认为他将重返英超，不过目的地是瓜迪奥拉执教的曼城。意大利、英格兰的各路记者也纷纷爆料，似乎这桩转会已成定局。

　　但是，曼联突然杀了出来，用诚意打动了C罗。C罗的前队友、主帅索尔斯克亚，国家队队友布鲁诺·费尔南德斯双双出马，甚至连他的恩师弗格森爵士都专门给他和

绝境之神：C罗

门德斯打了电话。

深情厚谊面前，C罗立刻做出了自己的决定。于是在2021年8月27日，曼联官方宣布与尤文就C罗的转会达成协议，C罗提前结束了尤文生涯，时隔12年重返"梦剧场"。据意大利媒体透露，C罗与曼联签约两年，年薪2500万英镑。

重返曼联，C罗非常激动，他在接受采访时表示："曼联是一家在我心中占有特殊位置的俱乐部，我的第一个联赛冠军、第一个杯赛冠军、第一次入选葡萄牙国家队、第一个欧冠冠军、第一次获得金靴奖和金球奖，都产生于此。历史已成过去，新的历史将被书写，我向大家保证！我回到了属于我的地方，让我们再次创造辉煌！"

在接受前队友维斯·布朗的专访时，C罗放出豪言："我不是来度假的。我来这里是为了再次夺冠的。我的队友和我可以做到。我准备好了。正如我告诉你的，以前很好，赢得了重要的比赛，我很多年前就穿了这件球衣，但我来这里是为了再次获胜。我已经准备好了，我认为在接下来的三四年里，我会干一件大事。"

从 2009 年到 2021 年，曼联的 7 号球衣终于等回了它真正的主人。9 月 11 日，英超第 4 轮，曼联主场迎战纽卡，C 罗首发登场，上演回归之后的首秀，这也是他第二次英超生涯的首秀。而他的上一场英超比赛，是 2009 年 5 月 16 日曼联对阵阿森纳，这创造了英超历史上参加两场比赛间隔时间最长的纪录（12 年 118 天，即 4501 天）。

刚一回来，C 罗就点燃了老特拉福德球场球迷的热情。全场七万多名球迷齐声高唱 "Viva Ronaldo"，场面无比震撼。

C 罗也没有让曼联球迷失望，上半场补时第 2 分钟，格林伍德远射造成对方门将伍德曼脱手，C 罗跟上补射空门得手，打入回归曼联之后的首球。

C 罗上一次为曼联进球，还要追溯到 2009 年 5 月 10 日曼联 2 比 0 击败曼城一战，第 17 分钟，他利用任意球直接破门，距今已有 12 年 124 天（4507 天），这也是英超历史上第二长的进球间隔纪录，仅次于马特·杰克逊的 13 年 187 天。

第 56 分钟，纽卡扳平比分，一度让"梦剧场"沉寂。但是仅仅 6 分钟之后，卢克·肖反击中送出直塞，C 罗高速插上，禁区左侧左脚低射穿裆入网，梅开二度！

这是 C 罗为曼联打入的第 120 球。也是他在英超里攻入的第 86 球，同时还是自 2009 年 4 月 25 日曼联 5 比 2 战胜热刺之后，他又一次在英超比赛中梅开二度，时隔 4522 天。

没有比这更"炸裂"的回归首秀了，C 罗再次成为世界足坛瞩目的焦点，而他的表演还在继续。

10 月 30 日，英超第 10 轮曼联对阵热刺，C 罗在第 39 分钟接布鲁诺·费尔南德斯传中凌空抽射破门，他还在第 64 分钟为卡瓦尼送出直塞球，传射建功，率领曼联在客场取得 3 比 0 大捷。

12 月 2 日，英超第 14 轮曼联主场迎战阿森纳，第 52 分钟，拉什福德助攻，C 罗抢点破门得分，打入职业生涯第 800 球。成为世界足球历史上第一位到达 800 球里程碑的球员。第 70 分钟，他主罚点球命中，梅开二度，帮助曼联 3 比 2 力克阿森纳。

71

不过就在 3 天之前，梅西获得了个人的第 7 座金球奖奖杯，C 罗已经落后两座，而他也再次缺席金球奖的颁奖典礼。

　　梅西获奖之后，有球迷在社交媒体上发表长文，认为他不配得到这个奖项，C 罗才应该获得金球奖，并列举了梅西与 C 罗两人的许多数据，辱骂梅西是小偷。而 C 罗本人竟然公开点赞，并评论道："Factos（葡萄牙语，意为事实）"，引起了轩然大波。

　　不过仅从当时的情况来看，C 罗重返曼联之后大发神威，进球连连，梅西加盟巴黎圣日耳曼之后则陷入进球荒，表现与效力巴萨时有着云泥之别，所以葡萄牙人心中不服，也是可以理解的。

　　但是，曼联的整体实力确实无法与皇马、尤文相比，索尔斯克亚执教能力上的短板也逐渐暴露。2021 年 10 月 24 日，曼联在英超"双红会"中 0 比 5 惨败于利物浦，11 月 6 日的曼彻斯特德比 0 比 2 不敌曼城，而 11 月 20 日 1 比 4 爆冷输给

沃特福德，成为压倒骆驼的最后一根稻草，索尔斯克亚下课了，C罗的另一位前队友卡里克担任临时主帅。

11月29日，曼联官方宣布朗尼克成为球队的新任主帅。朗尼克和C罗过往没有什么交集，葡萄牙人在后来接受皮尔斯·摩根采访时表示，自己根本都没听说过他。

不过，C罗在球场上依然展现出极佳的职业精神，也用进球回报着曼联。2022年2月15日，英超第18轮补赛曼联对阵布莱顿，他从中路带球突破，晃开防守球员之后直接轰入远射"世界波"，技惊四座。

3月12日曼联再战热刺，C罗更是"杀疯了"：第12分钟，弗雷德传球，他突然右脚远射破门，为曼联首开纪录；第35分钟，凯恩点球扳平，而仅仅3分钟之后，C罗反击中接到桑乔横传，轻松推射空门得手；第81分钟，C罗在角球争夺中力压戴尔，头球叩关，上演帽子戏法。

要知道，这是C罗回归曼联之后的第1个帽子戏法，也是他俱乐部生涯的第49个帽子戏法，算上国家队生涯则是第59个帽子戏法。

从2010年到2022年，C罗已经连续13年、每年都能在俱乐部完成帽子戏法，这样的稳定性让人叹为观止。

要知道，第一次在英超踢球时，他只完成了1个帽子戏法，那是2008年1月12日曼联对阵纽卡一战，时隔14年2个月之后，他的第2个英超帽子戏法来了。同时，C罗也以37岁35天的年龄成为英超历史上年龄第二大上演帽子戏法的球员，仅次于37岁146天的谢林汉姆。

4月9日，曼联做客古迪逊公园球场，最终0比1负于埃弗顿。比赛结束后，C罗打掉了患有自闭症的小球迷的手机，引发媒体和球迷批评。他很快做出回应，并邀请这个小球迷来老特拉福德球场看球。而在赛场上，C罗又再次发威，4月16日曼联对阵诺维奇一战他再次上演帽子戏法，尤其是第3球，是他标志性的任意球直接破门。

随后，C罗又接连攻破阿森纳和切尔西的球门，到达了英超生涯的百球里程碑。

可惜这两场豪门对决，曼联 1 平 1 负，最终无缘前四，仅仅名列第六，未能获得下赛季的欧冠资格，只能去踢欧联，各项赛事更是"四大皆空"。

2021—2022 赛季，C 罗在英超出场 30 次，首发 27 次，打入 18 球，射手榜上仅次于并列金靴奖的萨拉赫和孙兴慜。他在各项赛事中共计出场 38 次，打入 24 球，是曼联的队内"射手王"，如果没有他的进球，曼联恐怕连欧战资格都拿不到。

第十四章

决裂"红魔" 零冠收场

C罗

2022年4月18日，C罗和女友乔治娜宣布两人龙凤胎中的儿子不幸夭折。后来，C罗在接受采访时坦言："自从我父亲去世之后，这可能是我生命中最糟糕的一段时间。当你有了孩子，会希望一切都正常发展。但一旦出了问题，一切就会变得很艰难。作为普通人，我和乔治娜经历了非常困难的时刻，我们不明白为什么这种事情会发生在自己身上。真的很难，非常难以理解，很难理解在我们生活的那个时期发生了什么。但正如你所知道的，足球世界还在继续运转，还有很多比赛。

"我告诉家人，还有乔治娜，我们还有其他孩子，另一个宝宝贝拉也出生了，对她的出生我们应该感到开心。我把自己的感受讲给家人听，我从来没有同时感到快乐和悲伤，这很难解释，你不知道该哭还是该笑。我必须坚持下去，至少我们还有贝拉……"

儿子去世，球队无缘欧冠，C罗的情绪受到巨大影响，也动了离队的念头。2022年7月2日，英国媒体突然集体传出消息，他要求在今年夏天离开曼联。同时C罗也没有及时归队，缺席了季前赛。后来根据C罗自己透露，缺席的原因是孩子和乔治娜生病。门德斯则在忙着联络下家，但是只有来自沙特阿拉伯（以下简称"沙特"）的球队给出正式报价。

2022年7月31日，C罗参加了曼联的最后一场季前赛，他首发登场，半场结束之后被换下，结果提前离开球场，遭到曼联新任主帅滕哈赫的批评。

8月7日，2022—2023赛季英超第1轮，曼联主场1比2爆冷输给布莱顿，遭遇"开门黑"，C罗并未首发，他在第53分钟替补登场。而在第2轮，曼联更是0

比 4 惨败布伦特福德，C 罗新赛季第一次首发但表现不佳，从此沦为替补。

10 月 2 日的英超第 9 轮，曼联在曼彻斯特德比中 3 比 6 负于曼城，C 罗坐在替补席上，而且没有获得出场机会。滕哈赫解释说，这是对 C 罗职业生涯的尊重，但 C 罗认为这是对他的不尊重。

10 月 9 日，曼联客场 2 比 1 战胜埃弗顿，C 罗终于打入个人在 2022—2023 赛季的英超首球，也是俱乐部生涯第 700 球，成为历史第一人。

10 月 19 日，曼联在英超第 12 轮 2 比 0 击败热刺，C 罗依旧坐在替补席上，最后 3 分钟他更是拒绝滕哈赫让他登场的要求，径直提前离开球场，结果遭到曼联俱乐部停赛 1 场的处罚，双方开始决裂！

11 月 6 日，英超第 15 轮，曼联客场 1 比 3 不敌阿斯顿维拉，C 罗首发并打满全场，当时球迷都不知道，这竟然是他"红魔"生涯的最后一场比赛了！

绝境之神：C罗

11月16日和17日，C罗接受英国著名主持人皮尔斯·摩根的专访被全部放出，他在专访中炮轰曼联和主帅滕哈赫，双方彻底决裂，再也没有挽回的可能。

于是在2022年11月22日，曼联官方宣布与C罗达成协议，立即解约，C罗的曼联生涯也正式结束了。第二次效力"红魔"，他在英超出场40次，打入19球，各项赛事共计出场54次，打入27球，没有获得任何冠军。

第十五章
告别欧洲 远赴沙特

与曼联再度分手之后，C罗将何去何从，引起全世界媒体与球迷的关注。C罗依然希望留在欧洲足坛，继续参加欧冠，但由于解约时正处于赛季中期，加上他与曼联公开闹翻，所以让众多豪门俱乐部心生忌惮。

而葡萄牙队在2022年卡塔尔世界杯1/4决赛出局之后，C罗也多少有些心灰意冷。此时沙特球队利雅得胜利给他开出巨额合同，年薪高达2亿欧元，创造世界体坛的历史纪录，这样的报价让他很难拒绝。

2022年12月31日，利雅得胜利官方宣布签下C罗，双方签约至2025年6月。这意味着C罗职业生涯第一次告别五大联赛，告别欧洲。

在亮相仪式上，C罗表示："我很高兴做出这个决定，这是一项新挑战，我为这个决定感到骄傲。我在欧洲的工作完成了，我曾在世界上最好的俱乐部踢球，我赢得了一切。我在欧洲有很多机会，还有澳大利亚、巴西、美国和葡萄牙的俱乐部对我感兴趣，但我选择了利雅得胜利，给了这里的足球一个发展的机会，不只是足球，还包括这个神奇的国家。我不在乎别人对我来到沙特的评价，我在这里很开心。我在欧洲打破了许多纪录，我来这里是为了打破更多的纪录。这份合同是独一无二的，因为我是独一无二的球员。这对我来说很正常。"

来到全新的国度，身处与以往截然不同的气候、生活和文化环境，C罗却适应得非常迅速，个人的第二场沙特联赛，他就打入加盟以来的首球。

2023年2月9日利雅得胜利与麦加统一一战，C罗更是完成"大四喜"，职业生涯的联赛进球数突破500球大关：葡超3球，英超103球，西甲311球，意甲

81 球，沙特联赛 5 球。

2月25日利雅得胜利对阵达马克，C罗又上演帽子戏法，5场联赛攻进8球。真的是"降维打击"。

不过，利雅得胜利虽然拥有 C 罗和昔日的广州队球星塔利斯卡，但整体实力欠佳，过于依赖球星的个人发挥。所以，虽然 C 罗在 16 场联赛中狂轰 14 球，但球队还是屈居第二，未能夺冠。而在沙特超级杯和沙特国王杯上，利雅得胜利也被淘汰出局。至此，C 罗来到利雅得胜利的第一个赛季，迎来"四大皆空"的结局。

不过亲身体验了沙特联赛之后，C 罗对这里的未来非常看好。2023 年 7 月在接受媒体采访时，他表示："回欧洲？不，大门已完全关闭。我 38 岁了，不值得。在我看来，欧洲的联赛已失去很多竞争实力，唯一很强且高于其他联赛的是英超。西甲并没有很强的实力。葡超是好联赛，但不是顶级联赛。德甲也变弱了很多。我确定不会再回欧洲踢球了，我想在沙特踢球。美国也不会去，沙特联赛比美国职业足球大联盟好得多，我要效力的球队就是利雅得胜利。按照这个速度，沙特联赛将在一年内超过土耳其足球超级联赛和荷兰足球甲级联赛，这很容易。"

作为第一位来到沙特踢球的世界级球星，C罗成为"先驱"，吸引着越来越多的顶级球星效仿。2023年夏天，皇马的本泽马，拜仁慕尼黑（以下简称"拜仁"）的马内，利物浦的菲尔米诺、亨德森和法比尼奥，切尔西的坎特、爱德华·门迪和库利巴利，曼城的马赫雷斯，国米的布罗佐维奇，曼联的特莱斯，葡萄牙国脚内维斯，拉齐奥的米林科维奇等纷至沓来，让沙特联赛成为当今足坛最受瞩目的联赛。

2023—2024赛季打响，C罗继续着自己的神勇发挥。截至2023年12月31日，他在沙特联赛里出场18次，打入20球，场均进球数超过1球，领跑沙特联赛射手榜；他还送出9次助攻，同样位居助攻榜榜首。18场比赛，C罗共参与打入29球，无出其右！

而随着整个2023年的结束，C罗在各项赛事中出战59场，打入54球，力压打入52球的凯恩和姆巴佩、打入50球的哈兰德，加冕足坛年度射手王！

这已经是他职业生涯第5次获得年度射手王的称号，也是近8年以来的首次！他前4次获奖分别是2011年60球，2013年69球，2014年61球，2015年57球。

具体来说，2023年C罗在俱乐部一共出场50次，收获44球；国家队一共出场9次，打入10球。他在俱乐部打入的44球包含沙特联赛34场34球，亚足联冠军联赛（以下简称"亚冠"，包含亚冠附加赛）5场3球，阿拉伯冠军联赛6场6球，沙特国王杯4场1球。

54球，更是C罗自2016年打入55球以来在单一自然年中最多的进球数。要知道7年之前，31岁的他还在皇马效力，正处于职业生涯的黄金时期；7年之后，38岁的C罗还能走出低谷，梦回巅峰，确实让人非常钦佩。

获此殊荣之后，C罗表示："我靠着真诚和努力成为年度射手王，我要感谢所有的同事，无论是队友还是工作人员，同时要感谢利雅得胜利的球迷，他们一直在世界各地支持我。当然，我还想在2024年再次成为年度射手王！"

这位葡萄牙巨星在社交媒体上更是霸气宣言："54球！当我说结束那才是结束（I will say when it's finished）。"

2024 年 2 月 5 日，C 罗迎来 39 周岁的生日，39 岁的 C 罗继续在沙特联赛里大杀四方。

3 月 30 日对阵塔伊一战，C 罗在第 64 分钟右脚凌空扫射，打开进球账户；仅仅 3 分钟之后，他补射破门，完成双响；第 87 分钟，他包抄头球破门，上演帽子戏法！

4 月 2 日面对艾卜哈，C 罗先是在第 11 分钟用一脚"贴地斩"任意球攻破对方球门，接着又在第 21 分钟打入精彩的弧线球，这是他自 2011 年以来第一次上演单场任意球梅开二度！第 42 分钟，更神奇的一幕诞生了：面对出击的门将，C 罗在禁区外选择轻巧的吊射，球划出美妙的弧线坠入网窝。

连场帽子戏法、两场比赛打入 6 球，更是 C 罗 9 年以来的第一次！

5 月 4 日，利雅得胜利迎战麦加统一，C 罗再次爆发，上演了这个赛季在联赛里的第四次帽子戏法。5 月 27 日的最后一轮联赛，他在对阵吉达联合的比赛中打入两球，结束了这个赛季联赛的征程。

31 场 35 球，C 罗一举打破了沙特联赛的单赛季历史进球纪录！他自然也获得了沙特联赛的金靴奖。这样一来，C 罗就成为历史上第一位在四个不同的联赛中均获得金靴奖的球员！

2007—2008 赛季，C 罗夺得英超金靴奖；2010—2011 赛季、2013—2014 赛季、2014—2015 赛季，他 3 次荣膺西甲金靴奖；2020—2021 赛季，他获得意甲金靴奖；2023—2024 赛季，他拿下沙特联赛金靴奖。

遗憾的是，利雅得胜利被同城对手利雅得新月在积分榜上远远甩开，34 轮比赛取得 26 胜 4 平 4 负的战绩，共积 82 分，以落后 14 分的差距获得 2023—2024 赛季的沙特联赛亚军。

加盟利雅得胜利以来，C 罗连续两个赛季获得联赛亚军，始终未能捧起沙特联赛的冠军奖杯，而且先后在沙特国王杯、沙特超级杯、亚冠中折戟，陷入无冠的尴尬境地。

不过，任何困难与挫折都无法阻止 C 罗前进的脚步，他在沙特的任务与使命还没有完成，"联赛之神"将继续用进球和纪录来征服这片广袤的"沙漠"。

第 二 部

欧冠之神

C罗最负盛名的美誉，当属"欧冠之神"，因为他是欧冠改制以来夺冠次数最多的球员之一，是"历史射手王"和"助攻王"。欧冠诞生六十余载，没有任何球员在欧冠的表现能比C罗更好，没有任何人！

第一章

初出茅庐
一鸣惊人

"欧冠之神"与欧冠，天生有着不解之缘，因为 C 罗的职业生涯处子秀，就发生在这片赛场。

2002 年 8 月 14 日，是 C 罗永生难忘的日子，也是所有 C 罗球迷应该永远铭记的日子。那一天的光明球场，迎来了 2002—2003 赛季欧冠资格赛第 3 轮的首回合较量，葡萄牙体育坐镇主场迎战意甲豪门国米。

那里也是 C 罗的主场。那一天的他，仅仅 17 岁 6 个月又 9 天。

比赛第 58 分钟，主教练博洛尼令旗一挥，C 罗来到了场边。心跳加速，呼吸急促，他的内心远没有表面看上去那么淡定，充满渴望与好奇的眼神也出卖了他。

他看向场上的队友：右边锋夸雷斯马，比他大两岁的天才球星，被公认为葡萄牙足球未来的希望；左边锋托尼托，每天都接自己训练、送自己回家的"大哥"；前腰佩德罗·巴尔博萨，葡萄牙国家队国脚；前锋尼库莱，罗马尼亚国家队国脚，博洛尼的爱将。

再看向对面的对手，个个都是名头响亮的世界级球星：2000 年欧洲杯一战封神的托尔多，阿根廷队队长萨内蒂，马特拉齐、科尔多巴、科科、迪比亚乔、达马特、莫菲奥、维埃里、卡隆，还有同胞前辈、葡萄牙队"黄金一代"的代表球员之一孔塞桑。

该畏惧吗？该害怕吗？ C 罗默默问自己，却感觉到内心的兴奋越来越按捺不住，冥冥之中，似乎有一股力量在拼命召唤着他，让他迈出踏上欧冠赛场的那一步。

于是，C 罗迈出了——历史，从这一刻开始改写。

少年 C 罗，披挂上阵，换下托尼托。身穿 28 号球衣，身材瘦削，一头卷发，

看上去一点儿也不起眼，但很快，他的表现就惊艳了球场里的每一名球迷：右边线带球，一个急停，右脚将球从脚后面拉到左侧，晃开了科科的防守；面对补防上来的迪比亚乔，又用右脚连续拉球，转了个圈儿，将对手甩掉。

一连串"骚"操作，连贯流畅，潇洒自如，信手拈来。面对意甲豪门的顶级球星，17 岁的 C 罗敢带球，敢突破，敢于做动作，敢于秀花活儿。短短半个小时时间，就向球迷展现出了一个自信无畏、充满灵气、天赋异禀的足球天才的形象。这就是 C 罗留给足球世界、留给欧冠、留给所有球迷的最初印象——博得满堂彩。

遗憾的是，没有进球，没有助攻，没有胜利。C 罗的欧冠处子秀，就这么结束了，还没踢过瘾呢。而 13 天之后的次回合较量，他并未再次进入比赛名单当中，葡萄牙体育 0 比 2 负于国米，最终以两回合总比分 0 比 2 被淘汰出局，无缘 2002—2003 赛季欧冠的正赛阶段。

C 罗的第一个欧冠赛季，戛然而止。或者说它是"第零个欧冠赛季"，也许更为

妥帖，毕竟C罗还没有登上欧冠正赛的舞台，这场欧冠资格赛，终究只是一个铺垫，是"封神之路"上的第一块垫脚石罢了。

直到加盟曼联之后，C罗才真正迎来欧冠正赛的处子秀。2003年10月1日，欧冠小组赛第2轮，曼联做客挑战德甲球队斯图加特。C罗首发亮相，身穿黑色的客场战袍，迎来了职业生涯的欧冠正赛处子秀。

昂首挺胸，C罗迈入了梅赛德斯－奔驰竞技场。与资格赛首秀时的内心"小鹿乱撞"相比，现在的他多了几分从容与潇洒，完全不像是一个初出茅庐的菜鸟。而无意间见证历史的斯图加特的球迷，望着这个还叫不上名字的年轻人，心中突然闪出一个念头：他，似乎就是为欧冠而生的！

那场比赛，斯图加特的匈牙利前锋绍比奇大放异彩，先是自己独闯龙潭、打破场上僵局，然后又助攻锋线搭档库兰伊破门得分，将领先优势扩大为2比0。

那么，欧冠正赛首秀，C罗的表现如何呢？

虽然只是初来乍到，但他立刻成为曼联的任意球主罚手，几脚罚球尝试，甚至还可以看到后来"电梯球"的影子。可惜的是，它们全都没有给希尔德布兰德带来足够的威胁。

直到比赛的第67分钟，属于C罗的时刻突然就来了：对方球员禁区内解围失误，球击中球门立柱后弹出，曼联右后卫加里·内维尔冲得太快，错过了补射机会。但是，C罗恰好拍马赶到，他机警地抢在希尔德布兰德之前拿到球，并将自己的身体卡在对方身前，再顺势向前一倒，哨声响起，当值主裁毫不犹豫地指向12码点——点球！

希尔德布兰德对此相当不满，愤怒地指责C罗假摔。年轻气盛的葡萄牙小将当然不肯示弱，反唇相讥，两人发生了激烈口角。随后范尼斯特鲁伊轻松地将球罚入网窝，为"红魔"扳回一城，可终究还是难以挽回败局。

于是，C罗的欧冠处子球，只能无奈延后，另待时日了。而这一"待"，不知要等待多久了。欧冠小组赛第3轮，曼联对阵苏格兰豪门格拉斯哥流浪者，他重返替补席，没有出场；第4轮再战格拉斯哥流浪者，他又回到首发。接下来的两轮也是如

绝境之神：C 罗

此：面对帕纳辛奈科斯，C罗继续首发；最后一轮曼联主场迎战斯图加特，他又连比赛大名单都没进。

最终，曼联收获5胜1负，顺利晋级欧冠16强，不变的是，C罗依然没有收获进球。

欧冠1/8决赛，曼联碰到了一个陌生的对手——与葡萄牙体育、本菲卡并称"葡萄牙三大豪门"的波尔图，以及球队那位年仅41岁的主教练若泽·穆里尼奥。

弗格森VS穆里尼奥，这是两代名帅的第一次交锋，但却不是C罗与穆里尼奥的第一次碰面。说来也不奇怪，C罗还在葡萄牙体育踢球时，就在葡超里与穆里尼奥有过较量，他的惊人天赋也给这位狂傲不羁的同胞少帅留下了极为深刻的印象。别忘了，两人还有一个共同的经纪人门德斯呢！

如此重要的欧冠大战，弗格森竟然又一次没让C罗首发。首回合，曼联做客波尔图的火龙球场，C罗衣锦还乡，自然想在江东父老面前好好表现一番。可直到比赛的第78分钟，他才替补法国前锋路易斯·萨哈登场，还没来得及发挥，就带着1比

2 的比分离开了。

次回合回到老特拉福德球场，C 罗的出场时间更晚，直到比赛的第 84 分钟，他才换下了挪威前锋索尔斯克亚，更没有时间施展拳脚。

1 比 1 平，曼联被波尔图爆冷淘汰，无缘欧冠八强。穆里尼奥留下了滑跪庆祝的经典画面，也从此与"红魔"结下了不解之缘。

欧冠正赛的处子赛季，C 罗还是没有打破 0 球的魔咒，只是创造 1 粒点球。这样的成绩不算出色，更谈不上惊艳，但对于只有 18 岁的他来说，品尝到了欧冠的真正滋味，就是最大的收获。

第二章

砥砺奋进
创造历史

接下来的 2004—2005 赛季的欧冠小组赛，C 罗只有两场比赛未能首发；1/8 决赛面对 AC 米兰，他更是被委以重任，肩负攻城拔寨的使命，可欧冠首球，就是偏偏不来。

于是，年轻的 C 罗，只能眼睁睁地被 AC 米兰的主力中锋、比他年长 10 岁的克雷斯波"教做人"。阿根廷射手主客场各进 1 球，两个 0 比 1，C 罗和他的曼联就这么跪倒在欧冠八强的大门之外。

而在 2005 年 9 月 7 日，更沉重的打击来了。葡萄牙队在 2006 年德国世界杯预选赛中做客挑战俄罗斯队。比赛的前一天晚上，C 罗被叫到了主教练斯科拉里的房间，在那里他听到了噩耗：父亲迪尼斯·阿维罗因为酗酒导致的肝脏疾病，在英国去世。

这个 22 岁的年轻人崩溃了，失声痛哭，但等他稍微冷静下来后，他拒绝了教练和队友的劝说，坚持留在队中，参加这场至关重要的比赛。C 罗不仅参加了，而

且还首发登场，只是比赛一结束，他就立刻回到家乡马德拉，直奔父亲的葬礼，和他一起来的，还有斯科拉里和门德斯——从那天起，他称呼斯科拉里为"父亲"。

C罗一直在劝父亲戒酒，帮助父亲进行治疗，但最终还是无济于事。这是一桩憾事，不过也是一个"反面教材"，正是因为从小目睹、亲身经历了这些事，C罗才滴酒不沾，就算在圣诞节聚会上都不碰酒杯，整个职业生涯一直保持着非常健康、极其自律的生活方式。

夹在两大痛苦之间，唯一高兴的事，是C罗的欧冠处子球终于诞生了。2005年8月9日，2005—2006赛季欧冠资格赛第3轮，曼联主场迎战匈牙利球队德布勒森。C罗首发登场，与鲁尼、范尼斯特鲁伊搭档锋线，而在两位搭档接连破门之后，轮到C罗表演了。

第63分钟，曼联右后卫加里·内维尔压上助攻，送出直塞；范尼斯特鲁伊展现出中锋的支点作用，回撤接球、转身分球；鲁尼禁区右侧得球后倒三角传中，C罗插到中路，无人盯防下轻松推射空门入网，为"红魔"锁定3比0的胜局。

这是C罗在欧冠赛场上打入的第一球。但由于它诞生在资格赛，并非正赛阶段，因此是否应该算在他的欧冠总进球数之内，不同的数据机构历来有着不同的说法。

曼联顺利晋级欧冠32强，但在小组赛竟然爆出惊天大冷门：6场比赛，3平2负只赢了1场，尤其是最后4场比赛竟然全都不胜，最终排名小组倒数第一，连"降级"参加欧洲联盟杯（欧联的前身，2009年欧洲联盟杯更名为欧联）的资格都没捞到，直接出局。而C罗场场首发，却一球未进。

直到2006—2007赛季，C罗的欧冠正赛首球，总算姗姗来迟。欧冠小组赛曼联面对葡萄牙劲旅本菲卡、丹麦球队哥本哈根、苏格兰球队凯尔特人，他都空手而归；1/8决赛曼联两战里尔，他也是只送出1次助攻；1/4决赛首回合做客罗马，曼联1比2告负，他依然没有用进球来挽回败局。

2007年4月10日这一天，"红魔"回到老特拉福德球场，主场迎战罗马。C罗首发登场，与吉格斯分居两翼，鲁尼与阿兰·史密斯搭档双前锋。

开场第 11 分钟，C 罗就小试牛刀，右路转身闪开对方左边锋小曼奇尼，将球横推中路，卡里克跟上右脚正脚背搓射，球蹿入球门右下角，1 比 0。曼联首开纪录，将总比分扳平。

第 17 分钟，海因策左路传中，吉格斯顺势将球敲到中路，史密斯右脚凌空推射破门，2 比 0。仅仅两分钟后，吉格斯禁区右侧右脚送出低传，鲁尼门前包抄左脚推射入网，3 比 0。

上半场结束前，属于 C 罗的时刻来了：吉格斯中圈发动反击，一脚精准传球找到右侧的 C 罗。曼联 7 号带球内切，一个变线闪开帕努奇，右脚迅疾低射球门右下角，球直入网窝，对方门将多尼毫无机会。C 罗的第一个欧冠正赛进球，诞生了！

在山呼海啸的"梦剧场"里，C 罗闭着双眼，挥舞右拳，纵情奔跑，尽情享受着曼联球迷如潮水般的欢呼。要不是队友达伦·弗莱彻拽着他一起庆祝，他可能会更

加放浪恣肆。

不过庆祝的机会还有，就在下半场开始仅仅 4 分钟，吉格斯左侧角球传中被顶出，但鲁尼就地反抢成功，吉格斯左路直接低传，阿兰·史密斯抢前点没有碰到球，但 C 罗后点包抄而至，右脚铲射空门得手，梅开二度。这一次，他直接跑到曼联死忠球迷所在的角旗区，与拥趸一起欢庆，阿兰·史密斯还兴奋地跳上了他的后背。

没有华丽的过人，没有花哨的假动作，像个真正的前锋、真正的射手一样，C 罗一脚射门，一次抢点，收获欧冠正赛的前两球。两球还很少，还赶不上队友鲁尼和范尼斯特鲁伊，在欧冠历史射手榜上，他的前面还有着数不清的对手。但至少从此刻开始，"欧冠历史射手王"正式踏上了攀登与征服之路。

7 比 1！曼联血洗罗马，以 8 比 3 的总比分完成惊天大逆转，挺进欧冠八强。而两周之后，曼联在 1/4 决赛遭遇意甲豪门 AC 米兰。

首回合坐镇老特拉福德球场，曼联 3 比 2 险胜，C 罗再次进球。开场仅 5 分钟，吉格斯右侧角球传中，他在禁区中路高高跃起，头球攻门，巴西门将迪达扑了一下球，却未能阻止它飞向球门。虽然跟着冲入球门的海因策，以为是自己将球打入的，但这粒进球，还是理所当然地归在 C 罗的名下。

然而，C 罗的光芒，却被另一位天才球星掩盖了——AC 米兰的巴西中场卡卡。卡卡成为比赛的真正主宰者：先是接西多夫直塞杀入禁区，左脚推射扳平比分；而后又上演单骑闯关的好戏，头球点过弗莱彻，右脚挑过海因策，诱使后者与补防过来的埃弗拉相撞，旋即单刀推射，攻破范德萨的十指关。

虽然鲁尼梅开二度，帮助曼联艰难获胜，但坐拥两个客场进球，还是让 AC 米兰占据优势。果然，回到圣西罗球场，AC 米兰 3 比 0 大胜曼联，以 5 比 3 的总比分淘汰英超豪门，强势晋级欧冠半决赛。

为 AC 米兰打开胜利之门的，是卡卡。那么 C 罗呢？他被意大利"铁腰"加图索和右后卫奥多联手冻结，未能连续三场欧冠比赛破门得分。

第三章

雨泪齐飞
欧冠首冠

2007—2008赛季的欧冠小组赛，C罗状态非常火热，5场比赛打入5球，其中包括曼联客场挑战基辅迪纳摩的梅开二度，那是他首次在欧冠赛场完成双响。

别具情感意义的是，C罗遇上了老东家葡萄牙体育。小组赛第1轮，回到自己曾经的主场，将近4万名球迷向他欢呼致意，而C罗所能做出的最好回报，就是在打入全场唯一进球之后，选择不庆祝，双手合十，向喜爱自己的拥趸致敬。

第五轮回到自己现在的主场，再战老东家，C罗轰出一脚远程任意球，球划着诡异的弧线蹿入网窝。这一次，他露出了不可一世的神情，仿佛是在向葡萄牙体育的球迷宣告：你们曾经的孩子，如今长大了，要去征服欧洲，征服世界。

1/8决赛，曼联的对手是里昂，C罗碰到了未来的队友本泽马。首回合客场作战，弗格森显然有所保留，C罗、纳尼、卡里克、维迪奇等人均未首发，两队1比1握手言和。

次回合坐镇老特拉福德球场，"弗爵爷"把C罗派上，"核武器"一出，高下立判。比赛第41分钟曼联取得领先，维斯·布朗右路传中，安德森的射门被对方球员封堵，C罗混战中破门，一击制胜，护送曼联晋级欧冠八强。

1/4决赛，曼联对阵"老熟人"罗马，C罗宛如被NBA球星迈克尔·乔丹附体一般。为何会这么说呢？看过这粒进球的球迷，都知道答案。

首回合比赛第39分钟，斯科尔斯禁区右侧传中，C罗从禁区外加速冲到点球点，高高跃起，用头将球狠狠砸入球门。

随后，他与对方后卫卡塞蒂在空中相撞，就这么斜着身子轰然砸在了地上，还没等他起身，队友已经一拥而上。

不得不说，很多世界级的中锋，都无法像 C 罗这样头槌破门。加里·内维尔形容得贴切极了："他就像是一列失控的列车，像乔丹一样飞了起来，像乔丹一样把球顶进。"

是的，C 罗看上去就像是乔丹，从罚球线起跳、滑翔着灌篮的那位"飞人"，而且有那么一秒，他似乎在空中停住了一般，时间为他而静止。

第一次，C 罗向全世界球迷展示了他惊人的腰腹力量和弹跳力，甚至比 NBA 球员还要强大。而在之后的职业生涯里，他还将一次又一次地展示。

两回合总比分 3 比 1，曼联轻松淘汰罗马，晋级欧冠半决赛。在那里等待曼联的，是巴萨；等待 C 罗的，是梅西。

2008 年 4 月 23 日，诺坎普球场，历史性的一幕终于上演。欧冠半决赛首回合，C 罗在梅西的地盘首发出场，与特维斯搭档锋线。鲁尼和韩国球员朴智星分居两翼，

斯科尔斯和卡里克则组成双中场。

梅西当然也首发出战。在巴萨的"433"阵形里，他依然踢着自己最习惯的右边锋。中锋是埃托奥，左边锋是伊涅斯塔，而锋线"三叉戟"的身后，则是哈维与德科，亚亚·图雷担任后腰。

其实，弗格森本来是打算让C罗踢边锋，若真如此，那么梅西和C罗就将展开直接的对位较量。但是，助教奎罗斯劝说弗格森改变主意，把C罗放到了9号位，这样可以完全卸下他的防守包袱，全力以赴地去冲击马奎斯和加布里埃尔·米利托的组成的防线。而盯防梅西的任务，就交给了有着"朴三肺"之称的朴智星。

比赛开始仅仅3分钟，曼联的变阵就收到效果。鲁尼右侧角球传中，C罗抢点头球攻门，被米利托用手挡出，裁判立即判罚点球。早在两年前，范尼斯特鲁伊就被弗格森清洗出队，C罗早已是当仁不让的曼联第一点球手。然而，面对巴萨门将巴尔

德斯，他的右脚射门，竟然直接打高。

罚丢点球后，C罗双手掩面，低头不语，懊悔不已。不过没有太多时间让他来遗憾。此后，他不断利用个人能力进行突破、制造杀伤、博得犯规，甚至在边线拿球时，还遭到了梅西的侵犯。

可惜的是，进球机会错过了就没有再来，第一次"梅罗对决"，他未能拔得头筹。

不过，"红魔"将士众志成城，最终还是让梅西和他的队友无功而返，曼联从客场带走了0比0的平局。

6天之后，曼联回到"梦剧场"，迎来次回合的生死较量。弗格森和里杰卡尔德派出的阵容，基本没有太大变化，C罗和梅西也继续首发。

上一次，是C罗开场就制造点球；这一次，差点儿就轮到了梅西。梅西右路内切突破，造成了斯科尔斯的犯规。这次犯规，几乎是压着大禁区线，但是，裁判最终还是判给了巴萨任意球，而非点球。

他的另一次内切突破，连过斯科尔斯和维斯·布朗，左脚弧线球射门，被曼联门将范德萨飞身扑出。最经典的一次，则是原地起速，一个"油炸丸子"过掉斯科尔斯，令"红魔"的中场大师很没面子。

虽然防守端丢了面子，但斯科尔斯在进攻端挣了回来。第14分钟，他亮出成名的招牌绝技，在大禁区弧顶右脚轰出一记"世界波"，球应声入网。

而这粒进球，也有C罗的功劳。正是他突破未果后的积极反抢，才迫使巴萨的意大利右后卫赞布罗塔解围失误，送上乌龙助攻。

朴智星在大禁区线上的右脚推射，差点儿就为曼联扩大比分，只是稍稍偏出门柱——这同样来自C罗在左路扛开赞布罗塔后的倒三角传球。由此可见，C罗的突破虽然没有梅西那么华丽，但杀伤力和致命性，并没有丝毫的逊色。

两人都踢满90分钟，拼杀到了最后一刻，却再无建树。最终，凭借斯科尔斯的这脚惊天远射，曼联1比0力克巴萨，两回合总比分也是如此，弗格森的球队时隔九年，再次挺进欧冠决赛。

在第一次与梅西的直接较量当中，C罗虽然没有进球，但获得了最重要的比赛胜利，所以，也就赢得了历史上第一次的"梅罗争霸"。

5月的莫斯科，偶尔也会有大雪纷飞的时候。但2008年5月21日的那个夜晚，没有雪，只有雨。即便如此，夜里的莫斯科，气温只有几摄氏度，雨点打在身上，分外寒冷，冷得让人有些憔悴。

来自世界各地的球迷，聚集在红场上。而距红场7千米的一处地方，沿着莫斯科河畔，与麻雀山隔河相望，那就是卢日尼基体育场。这个夜晚，在冷雨当中，曼联将在这里，与切尔西争夺欧冠的冠军。

这是C罗足球生涯的第一场欧冠决赛，此时，距离他的欧冠正赛处子秀，已经过去1694天的时间。听起来不算太长。但是，C罗等这一天，已经等了太久，对于这座冠军奖杯，他志在必得。

赛前，C罗专门拉着奎罗斯，用欧冠决赛的新比赛用球来练习射门。弗格森也

特意为他制定了专门的比赛策略：司职左边锋，与客串切尔西右后卫的加纳国脚埃辛对位，一旦他适时地内切插入禁区，对手就很难防范。

事实证明，这一招真的奏效了。

比赛第 26 分钟，布朗右路起球传中，C 罗压到禁区内，在他面前的不是头球能力出色的特里或者卡瓦略，而是身高只有 1.78 米的埃辛。于是，C 罗原地跳起，身体在空中绷得笔直，头轻轻一摆，将球送入网窝。埃辛连跳都没跳，而切尔西门将切赫只能目送球入网。

进球后，C 罗挥舞右臂，激情庆祝。但很快他就强行克制住自己激动的心情，因为他知道，比赛还没有结束。

绝境之神：C罗

上半场结束前，切尔西扳平了比分：埃辛右脚远射，经过维迪奇的折射后被费迪南德挡下，却令已经出击的范德萨失去重心，结果兰帕德跟上左脚推射，费迪南德封堵不及，难阻球入网。

下半场，C罗试图打入第二球。他在禁区左侧晃开乔·科尔，左脚小角度劲射，可惜球只击中边网。最终 90 分钟常规时间结束，30 分钟加时赛也结束，比分依然是 1 比 1，曼联和切尔西只能携手进入紧张刺激、残酷至极的点球大战。

第一轮，特维斯进了，巴拉克进了。

第二轮，卡里克进了，贝莱蒂进了。

第三轮，C罗站上了点球点。他把球拿了起来，迷信般地吻了一下，再把球放下，摆好。只见他后退几步，双手掐腰，助跑，突然停顿，再助跑，右脚射出一个半高球，却被切赫判断对了方向，扑个正着。

C罗竟然成了第一个罚丢点球的球员！他顿时掩面而泣，哭红双眼，沮丧地退回本方阵中，几乎不敢看接下来的 12 码点生死决战。

兰帕德进了，切尔西取得领先。曼联陷入绝境，冠军似乎在离他们远去。

第四轮，哈格里夫斯进了，阿什利·科尔也进了。

第五个出场的纳尼进了，只要最后一个出场的特里把球罚中，冠军就是切尔西的。

然而，戏剧性的一幕发生了："蓝军"队长脚下一滑，直接将球打偏。天可怜见，大雨竟然在最后一刻帮了曼联和 C罗的忙。

第六轮，安德森进了，卡卢进了，还是平局。

第七轮，替补登场、打破博比·查尔顿爵士保持的"红魔"历史出场纪录的吉格斯进了，然后，轮到阿内尔卡主罚。结果，范德萨真的赌对了，法国前锋罚的正是门将的右边，荷兰"门神"飞身一扑，终结比赛，决定冠军——光荣，最终属于曼联！

当队友狂奔着欢庆胜利时，如释重负的 C罗，一下子仰面躺倒在地，然后又趴在地上，失声痛哭。

莫斯科的雨与泪齐飞，这一夜，他体会到了从天堂到地狱、再从地狱到天堂的跌宕起伏，人生的大起大落，莫过于此。雨和泪，最终化作了咬着冠军金牌时露出的灿烂笑容。这是 C 罗一生中第一次品尝到欧冠冠军的滋味。

"很少有人能在欧冠决赛上有着完美发挥。你的对手花了十天甚至两个礼拜的时间来仔细研究你，他们找到了限制你的所有办法。"曼联右后卫加里·内维尔如是说。那个夜晚，C 罗踢得也不完美，但他还是成功了。

第四章

永恒之城
永恒遗憾

2008—2009赛季还没开始，C罗就去做了膝盖手术，缺席了10周之久。复出之后，他在欧冠小组赛没有任何进球入账。不过，1/8决赛曼联对阵意甲豪门国米，他终于打破了球荒。

首回合，两队在梅阿查球场0比0互交白卷。次回合坐镇老特拉福德球场，曼联7号在开场第4分钟就制造出威胁：他利用突破赢得角球，吉格斯角球传中，维迪奇跃起头球叩关得手，曼联领先。

第49分钟，斯科尔斯分球，鲁尼从禁区左侧拿球后突然挑传到门前，C罗从阿根廷中卫萨穆埃尔的身后蹿出，高高跃起头球攻门，攻破了巴西门将塞萨尔的十指关。2比0！曼联就此淘汰国米，杀进欧冠八强。

1/4决赛，曼联遇到了另一个熟悉的对手——波尔图。首回合还是平局，但葡超劲旅带走了两个客场进球，这意味着次回合做客火龙球场，"红魔"要么直接赢球，要么得打出3球以上的高比分平局。

而比赛开始仅仅6分钟，永载曼联以及欧冠史册的远射"世界波"诞生了：安德森分球，C罗在距离球门40米外突然起脚，轰出一脚石破天惊的远射。球如出膛炮弹一般，径直飞入球门左上角，饶是对方门将希尔顿全力扑救，也鞭长莫及。

这是全场比赛的唯一进球。它不仅把曼联送入欧冠四强，而且也毫无悬念地当选了2009年的年度最佳进球，国际足联为这粒进球颁发了普斯卡什奖。后来，C罗也说过，这是他职业生涯打入过的最佳进球。

欧冠半决赛，曼联与阿森纳展开"英超内战"。C罗依旧是在第二回合才大显神威，

绝境之神：C 罗

一人贡献 2 球、1 次助攻，独造 3 球。

第 8 分钟，他左路下底传中，吉布斯在禁区内诡异地滑倒，朴智星在后点得球，倒地射门得手。

第 11 分钟，他在 25 米外轰出一记惊世骇俗的任意球"世界波"，这一次，目瞪口呆的人变成了阿穆尼亚。

第 61 分钟，他脚后跟妙传发动快速反击，朴智星直塞，鲁尼禁区左侧横传，C 罗拍马杀到，倒地右脚推射，梅开二度。

总比分4比1，曼联完胜阿森纳，连续第二年杀入欧冠决赛。而自从欧冠改制以来，还从来没有任何球队能够成功卫冕。曼联距离创造历史，只差这最后一步，站在球队面前的最后一个敌人，就是去年在半决赛曾将其淘汰过的巴萨。

2009年5月27日，意大利罗马奥林匹克体育场。

时隔一年多，曼联再战巴萨。此时，"红蓝军团"的主帅已经从里杰卡尔德换成了瓜迪奥拉。布斯克茨进入首发名单，搭档中场"双核"哈维和伊涅斯塔，"哈白布"组合应运而生。从曼联回归巴萨的皮克，也成为球队的主力中卫。

但焦点中的焦点，还是"梅罗争霸"。

赛前，弗格森说道："他们中的一个，今晚肯定会无法入眠。"会是谁呢？肯定是输球的那一个。那么，谁会输呢？C罗还是梅西？

这个赛季，梅西迎来职业生涯的飞跃。和C罗一样，他也改踢中锋，扮演"伪9号"的角色，结果大放异彩。欧冠决赛之前，梅西已经打入37球，首次单赛季突破20球大关；C罗则攻进26球，在梅西面前显得有些暗淡。

与一年前一样，C罗在决赛之前也收获了联赛冠军，完成英超三连冠，只要能够再赢下这场决赛，蝉联欧冠冠军，那么2009年的金球奖和"国际足联世界足球先生"，自然也非他莫属。更何况，他还有一个额外的动力：把这座"大耳朵杯"作为最后的礼物，送给曼联和所有曼联球迷。

所以，开场之后，C罗火力全开，8分钟内就完成了三脚射门，每一脚都颇具威胁，特别是任意球轰门造成巴尔德斯的脱手，差点令朴智星抢得先机。

然而，率先进球的却是巴萨：比赛第10分钟，埃托奥禁区右侧扣过维迪奇，右脚外脚背弹射，洞穿范德萨把守的球门。

竟然落后了？C罗当然不甘心，迅速利用个人突破制造了皮克犯规，让巴萨中卫吃到黄牌。但这还不够，他需要进球，曼联需要进球。

不过，巴萨拥有强大的控球能力，一旦取得领先，就会把比赛的节奏和局面牢牢控制在自己脚下，哈维的任意球击中门柱弹出，差点儿扩大比分。

但这一次，曼联不像一年前的欧冠决赛那么走运了。

第70分钟，哈维禁区前突然送出搓传，费迪南德没有起跳，任由球从自己的头顶越过。令这位世界级中卫完全没有想到的是，他的身后，还有梅西。更没有想到的是，虽然梅西只有1.69米，但这一刻，他奋力一跃，在空中倾斜着身子，用并不擅长的头部，将球顶入曼联的球门。

这是梅西在欧冠决赛的第一个进球。

2分钟之后，贝尔巴托夫右路传中，吉格斯禁区中路射门被挡，C罗后点得球，右脚推射，被巴尔德斯封出，错过了最后的机会。

0比2，卫冕失败，在"永恒之城"留下了永恒的遗憾，C罗无缘职业生涯的第二个欧冠冠军，梅西则捧起了职业生涯的第二个欧冠冠军——1比2，C罗再次落后

"一生之敌"。

　　而这场欧冠决赛，就是 C 罗曼联生涯的最后一场比赛了。来到曼联，师从弗格森，可以说是他做出过的最正确的一个决定，这个决定让他成为世界上最出色的球星之一，让他夺得了梦寐以求的欧冠冠军，实现了儿时的梦想。但是，天底下没有不散的筵席，故事的结局不够完美，但毕竟要结束了，新的故事已经徐徐展开在他的面前。

第五章
加盟皇马
难逃魔咒

2009 年夏天，C 罗加盟皇马，穿上了崭新的 9 号白色球衣。走出伯纳乌球场的球员通道，伴随着八万名球迷的欢呼声，踏上了新东家主场的草皮，C 罗来了，在他的身后，是 9 座欧冠的冠军奖杯，这是皇马问鼎欧冠的次数，而第 9 冠，是在 2002 年夺得的，距离此时已经有 7 年之久。

这 7 年时间里，皇马一次闯入半决赛，一次闯入 8 强，接着，便是连续 5 个赛季的止步 16 强，沦为"欧冠 16 郎"。那么，过去两个赛季两进欧冠决赛、一次折桂的 C 罗，能否带来不同呢？

至少第一次亮相，C 罗就已经放出豪言："我们将尽全力争取夺得'三冠王'！"既然是"三冠王"，里面当然也就包括队史上第十座欧冠奖杯了。

2009 年 9 月 15 日，欧冠小组赛首战，皇马客场挑战苏黎世。C 罗首发登场，迎来皇马生涯的欧冠首秀。这是第一次，他让"美凌格"亲眼见识到了"电梯球"的威力。两脚任意球，直接洞穿对方球网，梅开二度，帮助"银河战舰"5 比 2 大胜对手，取得开门红！

9 月 30 日，小组赛第二轮，C 罗迎来皇马生涯的欧冠主场处子秀，对手是马赛。没有悬念，他又两次将球送入网窝，将进球数据刷新到恐怖的 7 场 11 球。

然而，意外突然发生了：比赛第 70 分钟，C 罗左路突破，被对方后卫迪亚瓦拉一记滑铲铲翻在地。令人没想到的是，这次犯规非常严重，C 罗的脚踝受伤，根本无法坚持比赛，只能被伊瓜因换下。

这一伤，就是将近两个月，C 罗因此缺席了对阵 AC 米兰的两场欧冠大战。而缺少了 C 罗的皇马，则遭遇 1 平 1 负的不胜战绩。

直到 11 月 25 日，皇马欧冠再战苏黎世，C 罗才伤愈复出，而他刚一替补登场，立刻受到万众欢呼。两周后的最后一轮比赛，他就双响建功，成功复仇马赛，以 6 粒进球结束小组赛的征程，"银河战舰"也顺利地拿到小组第一。

要知道，C 罗效力曼联的 6 个赛季，也只有过一次单赛季欧冠进球数超过 6 球。

1/8 决赛，佩莱格里尼的球队遇到的对手是 E 组第 2——里昂。里昂的头号球星本泽马刚被皇马挖走，但依然拥有利桑德罗·洛佩斯、德尔加多、戈武、皮亚尼奇、马库恩、图拉朗、克里斯、洛里等大将，能够力压利物浦抢到出线权，说明他们的实力绝对不容小觑。

当然，皇马的星味更足。C 罗和伊瓜因搭档锋线，身后是卡卡，替补席上还坐着劳尔和本泽马呢！阵容如此奢侈，根本没有不赢球的道理嘛！可是，首回合做客法国，"银河战舰"偏偏输了，输给了喀麦隆中场马库恩的一脚"世界波"。

次回合回到伯纳乌球场，C 罗接古蒂做球，禁区内左脚抽射破门，一度为皇马扳平总比分。但是，波黑中场皮亚尼奇又站了出来，轰出一脚"世界波"，1 比 1。西甲豪门只能无奈地接受平局，以 1 比 2 的总比分爆冷出局。

2010 年夏天，刚刚夺得欧冠冠军的穆里尼奥成为皇马的主教练。而皇马在欧冠赛场上，一路畅通无阻。小组赛面对 AC 米兰、阿贾克斯和欧塞尔，"银河战舰"6 场比赛豪取 5 胜 1 平，强势出线。而对阵这三个对手，C 罗都有破门，一共打入 4 球。

然后，皇马又遇到欧冠 16 强这道分外难过的坎儿。巧合的是，这次的对手又是里昂。

首回合做客，皇马收获一场 1 比 1 的平局，如愿以偿地带走 1 分和 1 个客场进球。次回合回到伯纳乌球场，马塞洛、本泽马、迪马利亚相继建功，3 比 0 完胜，穆里尼奥的球队以 4 比 1 的总比分晋级 8 强，总算是打破了"欧冠 16 郎"的魔咒！

这两场比赛里，C 罗都没有进球，但他为本泽马和马塞洛各送出 1 次助攻，也算是破咒的功臣之一。

　　1/4 决赛，皇马遇到了那个赛季的欧冠黑马热刺，后者在哈里·雷德克纳普的带领下异军突起，小组赛击败国米，1/8 决赛淘汰 AC 米兰。热刺拥有范德法特、克劳奇、莫德里奇等球星，而左边锋贝尔的表现，尤为抢眼。

　　不过，热刺的黑马之路，也就到此为止了。首回合，皇马就在主场 4 比 0 痛击对手，一只脚迈入 4 强，而 C 罗则打入了全场比赛的第 4 球：第 87 分钟，卡卡禁区左侧转身传中，他在后点右脚凌空抽射，破门得分。

　　次回合，"银河战舰"又在白鹿巷球场 1 比 0 小胜，进球的还是 C 罗。第 50 分钟，赫迪拉传球，C 罗右脚远射，巴西门将戈麦斯扑救时出现失误，脱手将球放入球门。

　　总比分 5 比 0，皇马兵不血刃，时隔 8 年之久，再次跻身欧冠半决赛！那么，皇马在半决赛的对手是谁呢？巴萨！如宿命一般，皇马与巴萨、C 罗与梅西、穆里尼奥与瓜迪奥拉互相纠缠。

绝境之神：C罗

2011年4月27日，2010—2011赛季欧冠半决赛首回合，伯纳乌球场人声鼎沸，看台上，两队球迷互骂；球场上，两军将帅斗法。

穆里尼奥故技重施，又一次将佩佩安排在后腰位置，再加上拉斯·迪亚拉和哈维·阿隆索，三名主力中场，全部偏重防守。两大中锋本泽马和伊瓜因，则都被放在了替补席，C罗担任突前前锋。

"狂人"的用意非常明显：主场守平，再去客场一搏。而倾尽全力防守所带来的结果，就是皇马的前场，只有C罗一个人。

于是，他更加孤单了。比赛刚刚开始10多分钟，就挥手向队友示意：赶紧压上来，开始进攻啊！但是，穆里尼奥的战术非常坚定，皇马球员也在坚定地执行着教练的战术。

C罗孤掌难鸣，梅西却如鱼得水。佩佩未能再次限制住梅西，阿根廷人变得不可阻挡。

第76分钟，荷兰边锋阿费莱右路"生吃"马塞洛之后送出传中，梅西甩开拉莫斯的防守，机敏地抢前点破门，为巴萨打破僵局！

第87分钟，梅西更是如天神下凡一般，上演了单骑闯关的经典一幕：接到布斯克茨的传球，他从中路杀出，连过迪亚拉、拉莫斯、阿尔比奥尔和马塞洛四名皇马球员，禁区右侧右脚推射远角，2比0！

梅西一个人，决定了比赛，主宰了胜负。C罗全场比赛共有8脚射门，只有2次射正，黯然失色。比赛结束后，他似乎是被穆里尼奥给"传染"了，公开指责巴萨受到裁判照顾，批评德国主裁判斯塔克对佩佩出示红牌。

穆里尼奥当然更是如此。他直指欧足联偏袒巴萨，还喊话瓜迪奥拉："2009年问鼎欧冠时，你靠的就是'斯坦福桥丑闻'；今年要是再次问鼎，你靠的就是'伯纳乌丑闻'。"结果，口无遮拦的"狂人"被欧足联处以停赛5场的惩罚。

5月3日，半决赛的次回合移师诺坎普球场。可是，被停赛的穆里尼奥，只能待在酒店里看电视直播了。

第 54 分钟，西班牙边锋佩德罗为巴萨首开纪录。10 分钟之后，马塞洛为皇马扳平比分。1 比 1 的平局，在一定程度上挽回了皇马和穆里尼奥的颜面，但还是无法改变皇马无缘欧冠决赛的结局。

这场比赛，梅西不再像首回合那么耀眼，他没有取得进球。然而，C 罗也没有完成自我救赎，甚至连进球的机会都没有，因为全场比赛，他的射门次数是 0。

2011—2012 赛季，皇马从欧冠小组赛顺利出线，1/8 决赛和 1/4 决赛也都抽到好签，轻松淘汰了莫斯科中央陆军与塞浦路斯球队阿波尔，直到半决赛，皇马终于遭遇强大的对手——拜仁。

2012 年 4 月 17 日，半决赛首回合较量，皇马与拜仁激战于安联球场。

第 17 分钟，德国中场托尼·克罗斯左侧角球传中，拉莫斯与巴德施图贝尔在门前争抢，结果被法国边锋里贝里抓住机会，抽射破门。

第 53 分钟，C 罗门前的推射被诺伊尔扑出，本泽马突入禁区右侧送出低传，C 罗后门柱底线附近回敲，助攻队友推空门得手，皇马扳平比分。

不过第 90 钟，"银河战舰"还是遭到重创：拉姆右路突破科恩特朗之后送出传中，罗本前点没有碰到球，德国中锋马里奥·戈麦斯将球推入球门右下角，拜仁完成 2 比 1 绝杀！

次回合比赛在 4 月 25 日打响，开场第 6 分钟，拜仁后卫阿拉巴禁区内手球犯规，C 罗面对诺伊尔，右脚主罚点球一蹴而就，将总比分扳成 2 比 2 平。

第 14 分钟，队友中路送出直传，C 罗禁区中路右脚轻松推射，梅开二度，2 比 0！皇马总比分 3 比 2 反超。这是 C 罗在 2011—2012 赛季欧冠赛场上打入的第 10 球，打破了个人单赛季的欧冠进球纪录。

不过第 27 分钟，佩佩禁区内拉倒戈麦斯，送上点球，罗本左脚主罚命中，又将总比分扳成了 3 比 3 平。此后，两大豪门再无建树，只能进入加时赛乃至点球大战。

送点的阿拉巴第一个主罚，攻破了卡西利亚斯的城门。皇马这一边，第一个出场的是 C 罗，他的右脚射门，却被诺伊尔判断正确，拒之门外。

雪上加霜的是，第二个出场的卡卡，重蹈 C 罗的覆辙，再次成就了诺伊尔。卡西利亚斯虽然也扑出了克罗斯和拉姆的点球，但是，第四个出场的拉莫斯直接将球罚丢，而在施魏因施泰格打进制胜点球之后，皇马最终遗憾地倒在了 12 码点，无缘欧冠决赛!

第六章
打破魔咒
问鼎欧冠

2012—2013赛季，皇马在欧冠赛场上遇到了难题，因为球队被分到名副其实的"死亡之组"。同组对手，包括上赛季以净胜球优势力压曼联、首夺英超冠军的曼城，问鼎德甲的多特蒙德，以及欧冠"四冠王"阿贾克斯——皇马想要出线，并不容易。

所幸，C罗的进球感觉依旧火热。皇马首战曼城，他就打入1球；次战阿贾克斯，他上演帽子戏法；三战多特，他再度打入1球——前3轮小组赛，就已经有5球入账。

然而，两次面对克洛普执教的多特蒙德，皇马1负1平，难求一胜，又在客场被曼城逼平，一度遭遇连续三轮不胜的尴尬。不过，阿贾克斯实力下滑，曼城经验不够丰富，还是无力阻止"银河战舰"获得小组第二，而C罗在最后一轮又传射建功，小组赛踢完便已打进6球。

1/8决赛，C罗遇到了最不愿意遇到的对手——曼联。这是他离开"红魔"之后第一次对阵旧主。对于老东家，对于恩师弗格森，对于曼联球迷，他一直心怀感恩，所以心情非常复杂，但是赛前，出于职业精神，出于对现东家的尊重，他还是公开许下诺言：要为皇马进球！

首回合皇马坐镇伯纳乌球场，C罗的前队友鲁尼在比赛第20分钟送出助攻，英格兰前锋维尔贝克甩开拉莫斯，头球破门为曼联首开纪录。

而在第30分钟，C罗就兑现了承诺：科恩特朗回敲，迪马利亚左路传中，他将身体绷得笔直，高高跃起头槌叩关得手！

不过进球之后，他的脸上没有丝毫喜悦的表情，有的只是歉意。他伸开双手，示意自己不会庆祝，只是与跑过来的队友简单拥抱。看到这一幕，不知有多少曼联球

迷会眼里泛着泪花，脑海里回想起他身披"红魔"战袍时的一幕幕？想必进球之后，C 罗的脑海里也会闪现出那些美好的回忆。

　　比赛结束后，人们讨论的主角依然是 C 罗，弗格森忍不住称赞爱徒："多棒的一个头球啊，令人难以置信！你无法阻止这样的进球。极强的冲刺、弹跳能力帮助他统治了空中。半场休息时，我曾问埃弗拉为什么不和他争顶？然后我看了录像，我就想，我到底都说了些什么？我认为对阵旧主对他来说很难，这里面包含了很多情绪，因为他为我们效力过六年。不过，他对我们来说是个大麻烦，当他拿球时，你就只有祈祷的份儿了。"

　　2013 年 3 月 5 日，次回合较量在老特拉福德球场展开——时隔将近 4 年，C 罗"回家"了。"欢迎回来！但请别进球！""梦剧场"的"红魔"拥趸用这样的标语欢迎他们曾经的 7 号，心中的情绪之复杂纠结，由此可见。

　　不得不说，曼联一度非常接近晋级，第 48 分钟，拉莫斯为"红魔"送上了乌龙

大礼。然而比赛在第 56 分钟突发转折，葡萄牙边锋纳尼在争抢高空球时，踢中了阿韦洛亚的胸口，结果被主裁判恰基尔直接红牌罚下。曼联全队都对此相当不满。

少一人作战，"红魔"的形势渐渐被动。第 66 分钟，拉莫斯将功补过，助攻莫德里奇扳平比分。而在第 69 分钟，伊瓜因禁区右侧传中，C 罗后点包抄破门，再度洞穿老东家的球门。

因为纳尼的红牌、C 罗的进球，皇马最终逆转曼联，杀入欧冠八强。但在比赛结束后，穆里尼奥罕见地承认："最好的球队输了，我们的表现不好，我们配不上这场胜利，但这就是足球。"

C 罗也没有因为赢球感到开心，而是深沉地说道："我更为曼联感到难过。"谁都知道，他说的是真心话。

无论如何，结果无法改变，C 罗和皇马继续在欧冠赛场上高歌猛进。1/4 决赛，皇马在主场 3 比 0 大胜土耳其球队加拉塔萨雷，开场仅 9 分钟，C 罗就闪击破门。

次回合虽然皇马在客场 2 比 3 告负，但球队依然连续第三个赛季挺进半决赛，打入 2 球的，都是 C 罗，他的赛季欧冠进球数，再次来到两位数。

半决赛，又是半决赛。两年前和一年前的殷鉴不远，皇马能不能打破"半决赛魔咒"呢？这得问问多特蒙德。小组赛的两场较量，穆里尼奥的球队都未能取胜。

4 月 23 日的伊杜纳信号公园，C 罗大战莱万多夫斯基（以下简称"莱万"）。开场第 8 分钟莱万就接格策传中，垫射破门。

第 43 分钟，莫德里奇送出精妙挑传，德国国脚胡梅尔斯回传门将却出现致命失误，阿根廷前锋伊瓜因断球后横传，C 罗包抄推射空门得手，将比分扳平。这是他在 2012—2013 赛季的第 12 个欧冠进球，更是职业生涯的第 50 个欧冠进球，成为继劳尔、范尼斯特鲁伊、梅西、亨利之后，历史上第五位到达欧冠 50 球里程碑的球员。

然而接下来，就全都是莱万的表演时刻了：第 50 分钟，罗伊斯直塞，波兰"神锋"反越位成功后破门，梅开二度。第 55 分钟，施梅尔策大力抽射被皇马后卫挡下，莱万禁区内拉球过人后抽射入网，帽子戏法！第 66 分钟，罗伊斯突入禁区被哈维·阿隆索放倒，他又主罚点球命中，完成"大四喜"！

1 比 4，这是 C 罗与莱万的比分，也是皇马与多特的比分，一场比赛，几乎就决定了最终的命运。回到伯纳乌球场，"银河战舰"虽然以 2 比 0 取胜，但依然以 3 比 4 的总比分惨遭淘汰，连续第三个赛季止步半决赛——继"欧冠 16 郎"之后，皇马又被新的魔咒所紧紧束缚。

2013—2014 赛季，皇马的主帅换成了安切洛蒂。欧冠小组赛，"银河战舰"与尤文、加拉塔萨雷、哥本哈根分在一组，出线不是问题。

而从一开始，C 罗就展现出极佳的竞技状态：

首轮皇马面对加拉塔萨雷，他上演帽子戏法；紧接着次战面对哥本哈根，又是梅开二度；两战尤文，他一共打入 3 球；末轮对阵哥本哈根，又进 1 球——C 罗 5 次出场，场场破门，小组赛阶段就狂轰 9 球。

1/8 决赛，皇马的对手是德甲劲旅沙尔克 04。首回合做客，C 罗延续了火热的状态，连下两城，连续第三个赛季欧冠进球数上双！次回合比赛，他又进两球，进球数已经达到惊人的 13 球，最终皇马轻松晋级欧冠八强。

1/4 决赛，"银河战舰"再战克洛普率领的多特蒙德，C 罗也迎来了个人的欧冠正赛百场里程碑。自然，他绝不想把里程碑变成"里程悲"，必须竭力避免重蹈上赛季的覆辙。

首回合比赛，贝尔和伊斯科相继破门得分，而 C 罗则在第 57 分钟接莫德里奇助攻，轻松把球送入网窝，锁定了 3 比 0 的比分。

这已经是他在 2013—2014 赛季欧冠赛场上打入的第 14 球，一举追平梅西、阿尔塔菲尼共同保持的欧冠单季进球纪录；这也是他职业生涯在欧冠正赛中打入的第 64 球，还是排在劳尔（71 球）和梅西（67 球）之后，位列历史第三。

3 球的优势已经很明显了，所以次回合的较量，C 罗并没有首发。皇马虽然以 0 比 2 告负，但仍然以 3 比 2 的总比分挺进四强！安切洛蒂也算是替穆里尼奥成功复仇了。

欧冠半决赛，皇马的对手是上赛季冠军拜仁。不过，此时拜仁的主帅已经从海因克斯换成了瓜迪奥拉。没有了巴萨，没有了梅西，没有了穆里尼奥，没有了西班牙国家德比，只剩下C罗与"瓜帅"的直接对话。

4月23日，伯纳乌球场，皇马率先主场作战。赛前，"美凌格"很担心：C罗受到髌腱炎的困扰，已经缺席了4场比赛，虽然火线复出，但状态究竟如何？事实证明，这种担心还是有些多虑。尽管不在自己的最佳状态，但C罗依然是球场上最耀眼的明星。

比赛第19分钟，C罗左路策动攻势，送出手术刀直塞，科恩特朗左路突破下底低传，本泽马门前包抄到位，轻松推射破门，打破场上僵局。

仅仅1分钟之后，迪马利亚右路传中，C罗门前头球攻门，被德国"门神"诺伊尔没收。第26分钟，本泽马快速反击中斜传门前，C罗中路包抄推射，可惜将球打偏，错失得分良机。

尽管C罗未能攻城拔寨，皇马还是1球小胜，占得先机。赛后，安切洛蒂为爱将的拼搏而感动，称赞道："C罗只恢复了50%的状态，但他已经尽了最大的努力。"

6天之后的次回合大战，C罗的状态从50%提升到了80%，于是，他就成为比赛的真正主宰者。

当然，先站出来的是拉莫斯。西班牙"铁卫"头球梅开二度，将总比分扩大为3比0。

接下来，就轮到C罗了。第34分钟，"BBC组合"联袂发威：本泽马反击中右路分球，贝尔中路突破后无私横传，C罗禁区左侧单刀面对诺伊尔，左脚冷静推射破门。

第89分钟，C罗在大禁区弧顶前被放倒，赢得了距离球门只有24米的极佳任意球机会。他与莫德里奇、贝尔都站在球前，这足以令任何门将精神紧张。不过，诺伊尔被誉为"世界第一门将"，深知这种至关重要的任意球，必定是C罗主罚，而这种距离对于电梯球来说太近，所以诺伊尔心中打定主意，要着重提防他的弧线球。

任意球其实与点球一样，都是罚球人与门将之间的心理博弈。C罗也猜到诺伊尔的心中所想，于是，他做出了一个极其大胆又出人意料的决定：没有选择弧线球绕过人墙，而是直接一脚低射。

球从人墙底下钻过，飞速蹿入网窝，诺伊尔目瞪口呆，毫无反应！

这是一脚罗纳尔迪尼奥式的任意球破门，C罗再次展现出自己的天资、理性与冷静。他在2013—2014赛季的欧冠进球数，也达到了16球，一举超过梅西、范尼斯特鲁伊、阿尔塔菲尼，创造了欧冠单赛季的进球新纪录！而他的欧冠正赛总进球数也达到66球，距离梅西只差1球；欧冠淘汰赛总进球数达到33球，正好比梅西多2球。

最终，皇马 4 比 0 大胜拜仁，以 5 比 0 的总比分淘汰对手，终于打破了持续 3 年的"半决赛魔咒"。时隔 12 年，皇马再次跻身欧冠决赛！

回到葡萄牙踢欧冠决赛，C 罗是"荣归故里"，对手则是马竞。而比赛开始仅仅 9 分钟，就有球员因伤被迫离场。不过不是 C 罗，而是迭戈·科斯塔——马竞遭遇当头一棒。

可是，西蒙尼的球队实在是太顽强、太铁血了。

第 36 分钟，加比右侧角球传中被解围，胡安弗兰头球摆渡顶回到禁区内，戈丁在小禁区前力压赫迪拉，完成头球接力，卡西利亚斯出击失误，回追捞球已经来不及，球吊入空门，0 比 1！马竞领先，皇马落后。

面对马竞的铜墙铁壁，C 罗踢得很艰难，只能通过任意球射门来寻找机会，可惜，每次尝试都被库尔图瓦拒之门外。眼看着时间一分钟一分钟地流逝，90 分钟常规时间已经结束，进入伤停补时阶段，比赛行将结束，他就要梦断里斯本。

拉莫斯此时挺身而出，意欲拯救 C 罗，更拯救皇马。第 93 分钟，莫德里奇右侧角球传中，拉莫斯后插上甩头攻门，将球顶入球门左下角。安切洛蒂的球队压哨绝平，奇迹般地将比赛拖入到加时赛。

眼看着到手的胜利就要溜走，体能耗尽、多人受伤的马竞血拼到最后，终于还是绷不住了。加时赛 110 分钟，迪马利亚左路强行内切，连过三人杀入禁区，左脚低射被库尔图瓦扑出，贝尔头球入网，2 比 1，皇马反超比分。

第 118 分钟，C 罗为队友作嫁衣，左路回敲，马塞洛中路连续突破后左脚低射，库尔图瓦虽然扑到球，但经过折射之后，球还是飞入网窝，3 比 1！

第 120 分钟，由 C 罗来为比赛正式盖棺论定了：他突入禁区被戈丁放倒，亲自主罚点球命中，4 比 1！胜利属于马德里，白色的那一边。

进球之后，C 罗"疯"了！他脱去上衣，张开双臂，狂奔着，嘶吼着，向全世界秀出了自己漂亮的上半身肌肉。他那完美的身材，犹如古希腊的雕塑一般，在那个夜晚熠熠生辉。这是他多年以来努力健身、训练的结果。

从 2008 年 5 月 21 日到 2014 年 5 月 24 日，2194 天，C 罗终于夺得了个人的第二个欧冠冠军，也是加盟皇马以来的第一个欧冠冠军。

他打入 17 球，刷新了欧冠单赛季的进球纪录；欧冠正赛打进 67 球，追平梅西，位列历史射手榜第二；算上资格赛进球的话，欧冠总进球数达到 68 球，正式超越梅西，仅次于"历史第一射手"劳尔。

因为稳定而淡定，因为自信而从容。虽然 C 罗在决赛中只进了一个看似"锦上添花"的点球，但是，如果没有他的连续 8 场进球，没有他全部的 17 球，皇马根本不可能走到最后的决赛，更别提夺冠了。

所以，"银河战舰"能够时隔 12 年再次问鼎欧冠，队史上第 10 次欧冠折桂，成为历史上第一支欧冠夺冠次数达到两位数的球队，C 罗绝对是头号功臣，这毋庸置疑。

漫天纸屑之中，C罗将重达8.5千克的银质奖杯高高举过头顶，脸上露出了灿烂的笑容。"真棒！"他对着英国《天空体育》的话筒喊道，而为了能说出这句憋在心中已久的话，他已经等了足足五年。这五年，成功多过失败，但能等来这一天，C罗，你真的棒！

第七章
一人主宰 开启伟业

2014—2015赛季，志在卫冕的皇马在欧冠小组赛阶段踢得顺风顺水，面对利物浦、巴塞尔、卢多戈雷茨，6战全胜，昂首挺进淘汰赛。C罗的状态也非常出色，打入5球。

最后一轮皇马4比0大胜卢多戈雷茨的点球破门，对C罗更具有极其重大的意义，因为这是他在欧冠正赛攻进的第72球，超越了71球的前"历史第一射手"劳尔！

2007年4月10日，C罗斩获欧冠正赛第1球。2800天之后的2014年12月9日，第72球诞生。这2800天的时间里，有辉煌、有失利、有泪水、有辛酸，个中滋味，只有C罗一个人知道。

1/8决赛，皇马首回合做客德国，2比0击败沙尔克04，C罗首开纪录。次回合，伯纳乌球场上演了一场进球大战，沙尔克04竟然斩获4球！不过幸好C罗头球梅开二度，本泽马打入关键进球，还是令"银河战舰"有惊无险地闯入欧冠八强。

1/4决赛，皇马在2014—2015赛季第七次遇到马竞。前六次对决，皇马一场不胜，只获得两场平局。而首回合做客卡尔德隆球场，皇马虽然依旧没赢，但0比0的平分，至少让球队还有晋级的希望。

次回合回到伯纳乌球场，阿尔达·图兰的染红离场让比赛的天平朝着主队这边倾斜。最终还是C罗在第88分钟决定了比赛：他从禁区右侧带球内切后及时横敲，"小豌豆"埃尔南德斯扫射空门得手，1比0！两回合的唯一进球，足以确保"银河战舰"闯入欧冠半决赛。

2015年5月5日，欧冠半决赛首回合，皇马对决尤文。第8分钟，C罗的曼联前队友特维斯禁区右侧一脚低射，被卡西利亚斯单手扑出，皇马旧将莫拉塔后点左脚推射破门，为尤文取得领先。

第27分钟，哈梅斯·罗德里格斯禁区右侧挑传，C罗小禁区内头球冲顶破门，他用标志性的进球方式扳平比分，打入了欧冠正赛的第76球。

然而第56分钟，尤文发动快速反击，皇马右后卫卡瓦哈尔禁区内绊倒特维斯，当值主裁阿特金森判罚点球，阿根廷前锋主罚点球劲射破门，将比分锁定为2比1。

8天后的次回合生死战开打，比赛第23分钟，基耶利尼禁区内踢倒哈梅斯·罗德里格斯，C罗主罚点球命中，皇马1比0领先！可惜的是，尤文也打进1球：第57分钟，比达尔挑传，博格巴头球摆渡，莫拉塔禁区中路停球抽射破门。

1比1，两回合2比3，"银河战舰"就此止步，无缘欧冠决赛，彻底宣告卫冕失败！

无缘卫冕欧冠，新赛季安切洛蒂下课，贝尼特斯走马上任，不过帅位的更迭并没有影响C罗的发挥。2015—2016赛季欧冠小组赛首轮，皇马面对顿涅茨克矿工，C罗上演帽子戏法，欧冠正赛打入80球，超越77球的梅西，再次成为欧冠的"历史第一射手"！

小组赛第二轮，皇马面对瑞典球队马尔默，C罗继续梅开二度，前两轮就打进5球；对阵巴黎圣日耳曼的两场较量，他暂时停止了进球的脚步。但最后两轮比赛，皇马再战马尔默和顿涅茨克矿工，C罗一场双响，一场"大四喜"，两场狂轰6球，6场11球的数据让人目瞪口呆，叹为观止。

不过由于皇马在西甲和国王杯的战绩糟糕，贝尼特斯还是在2016年1月下课了，接替他的是齐达内，而"齐祖"和C罗，将联手缔造欧冠历史上的伟大奇迹！

欧冠1/8决赛，皇马以两个2比0轻松淘汰意甲劲旅罗马，C罗两场比赛各进1球，成为最大功臣。不过1/4决赛面对德甲球队沃尔夫斯堡，"银河战舰"在首回合竟然0比2告负，爆出惊天大冷门！

绝境之下，所有人都以为皇马要完了。我们几乎可以听到沃尔夫斯堡球员和皇马死敌的笑声，然而，这笑声却在最高亢的时候戛然而止，因为C罗爆发了。

投之亡地然后存，陷之死地然后生。

次回合第16分钟，卡瓦哈尔右路突破送出横传，球打在对方后卫腿上发生变线，C罗跟进右脚推射破门，总比分改写为1比2！

仅仅1分钟之后，克罗斯左侧角球传中，C罗前点甩头攻门，将球顶入网窝，2比2，总比分扳平！

第77分钟，皇马获得弧顶任意球机会，C罗当仁不让地站在球前，右脚兜射，球打穿人墙，弹地之后飞入球门右下角，3比2！皇马上演疯狂大逆转，杀进四强！

这是C罗欧冠生涯的第五次帽子戏法，追平梅西，并列历史第一；2015—2016赛季欧冠，他已经打入16球，排名历史第二，仅次于17球的自己！

欧冠半决赛，皇马的对手是曼城。首回合，C罗大腿拉伤没有上场，所幸不是肌肉撕裂，问题不大。而失去C罗的"银河战舰"，顿时变成了无牙的老虎，只从伊蒂哈德球场带走0比0的白卷。

次回合回到伯纳乌球场，C罗伤愈复出，在本泽马因伤缺席的情况下，担任起中锋，他的出现震慑了对手。而开场第9分钟，曼城后防核心孔帕尼就受伤下场，更令曼城处于担惊受怕、提心吊胆的恐慌当中。

有了C罗对曼城防守球员的牵制，贝尔大放异彩：高速杀入禁区右侧，一脚射门后，球打在对方后腰费尔南多的身上发生折射，击中立柱之后弹入网窝，贝尔打入全场比赛的唯一进球！而进球之后，C罗与他拥抱庆祝，算是回应了两人之间的不和传闻。

1比0，皇马以最经济实惠的方式闯入决赛，而与两年前一样，2016年的欧冠决赛，还是马德里德比，皇马的对手还是马竞。

赛前，C罗因为大腿受伤，已经缺席四天的训练课，只能做一些最基本、最简单的训练。同时，过度疲劳也在消耗着他的能量，毕竟，这已经是他在2015—2016赛季踢的第53场比赛，而他已经31岁了。所幸，C罗没有大碍，最终还是站在了决赛的舞台之上。

两年前，拉莫斯在最后时刻为皇马扳平比分，带来最终的胜利。两年之后，拉莫斯又在比赛第15分钟，为皇马首开纪录：克罗斯左路任意球传中，贝尔头球后蹭，他门前包抄捅射入网，成为历史上第一位在两场欧冠决赛中进球的后卫。

第46分钟，佩佩在禁区内绊倒托雷斯，当值主裁判克拉滕伯格判罚点球，可是，格列兹曼左脚主罚，却将球击中横梁，皇马逃过一劫。不过第79分钟，马竞还是扳平了比分：胡安弗兰右路反越位成功后送出传中，替补登场的卡拉斯科小禁区前凌空垫射破门，1比1。

常规时间战罢，"马德里双雄"握手言和，又踢了30分钟，两队还是没有再进球，只能进入残酷的点球大战。

拖着伤腿，受制于对手的铁血"撕咬"，C罗苦战120分钟，战到最后一刻，已经一瘸一拐。然而，虽然他未能像两年前那样在加时赛中传射建功、锁定冠军，但是，C罗在加时赛一次拼出"老命"的回追，还是成功阻止了马竞的反击，同时也告诉观众：夺冠的决心有多么大，他就有多么拼命。

他必须留在场上，参加一决生死的"12码点轮盘赌"。2008年的欧冠决赛，

C罗罚丢了点球，一度哭成泪人。但8年之后，他的心，已经坚如磐石。所以，C罗向齐达内主动请缨："我要踢制胜的第5个点球。我知道自己能做到，我对此充满信心！"

第五个主罚，意味着千斤重担，都压在了他一个人的身上，全队的命运，都交给这一个人来定夺。进，有可能拿不了冠军；不进，必定会丢掉冠军。此时此刻，全世界所有球迷的目光，都会聚焦于他，亿万球迷灼热的眼神都能把人"点燃"。

皇马和马竞的前四罚，全部都进了。第五罚，率先上阵的胡安弗兰，竟然击中立柱。所以，比赛的最终结果，真的要由C罗来决定了——再伟大的大师，恐怕都写不出这样的剧本。

他拿起球，轻轻一吻，放在12码点上，助跑，骗过奥布拉克，射门，命中！进球之后，C罗和两年前一样，卸下战袍，将白衣向空中一甩，赤裸上身，激情庆祝！

疯狂地庆祝吧！C罗，这是你应得的。你的第三个欧冠冠军，也是皇马历史上的第11个欧冠冠军，你又一次征服了"美凌格"，征服了欧洲，征服了全世界。

第八章

欧冠三连
登基加冕

　　2016—2017赛季的6场欧冠小组赛，面对葡萄牙体育、多特蒙德、波兰球队华沙莱吉亚，皇马取得3胜3平的成绩，并不理想，但足够以小组第二的身份进入16强。受到伤病影响，C罗只打入2球，却为队友送出4次助攻。

　　进入16强之后，皇马轻松淘汰了萨里执教的意甲球队那不勒斯。但八强战首回合做客慕尼黑，皇马遭遇巨大挑战。

　　比赛第25分钟，拜仁就由智利中场比达尔头球得手，打破场上僵局。第45分钟，主队又获得点球，若不是比达尔的射门高出横梁，皇马就已经2球落后了。

　　这给了客队喘息的机会。第47分钟，卡瓦哈尔右路高速插上后传中，C罗在点球点附近右脚凌空推射入网，扳平比分！他也打破了长达一个月的进球荒。

　　紧接着，3分钟内，C罗两次制造西班牙国脚哈维·马丁内斯的犯规，导致后者两黄变一红，被罚下场，皇马多一人作战！而在第77分钟，又是C罗，接阿森西奥左路传中包抄攻门，将球从诺伊尔的两腿之间送入网窝，皇马2比1逆转比分！

　　6天之后的次回合较量，在贝尔、佩佩、瓦拉内等主力因伤缺席的情况下，在莱万多夫斯基点球命中、将总比分扳成2比2平的危急关头下，C罗再一次扮演皇马的救世主。

　　比赛第76分钟，卡塞米罗带球突破后将球吊入禁区，C罗力压拉姆，头槌攻门得手，3比2！然而，仅仅1分钟之后，拉莫斯就不慎自摆乌龙，"帮助"拜仁将总比分扳成3比3平，比赛进入到加时赛。

　　第105分钟，拉莫斯将功补过，将球吊入禁区。C罗反越位成功，胸部停球，

左脚抽射，将球送入诺伊尔把守的球门。总比分4比3，皇马再度领先。

第109分钟，马塞洛长驱直入杀进禁区，面对单刀机会无私横传，C罗跟上轻松推射空门，完成帽子戏法！3分钟后，阿森西奥再下一城，彻底锁定胜局。最终，皇马以6比3的总比分惊险淘汰拜仁，挺进欧冠半决赛！

这6球里，有5球是C罗打入的，说他一个人扛着球队前进，丝毫不为过。而C罗的欧冠正赛总进球数，也来到100球，成为欧冠历史上第一位进球数达到三位数的球员——欧冠历史第一射手，实至名归。

半决赛，皇马竟然又一次遇到了马竞，真的是冤家路窄。不过这一次，"银河战舰"在首回合赢得非常轻松，因为C罗又爆发了。这场比赛，就是他一个人的进球表演。

比赛第10分钟，卡塞米罗禁区右侧传中，C罗小禁区前跃起，力压对方后卫，头球冲顶首开纪录，斩获个人欧冠正赛第101球。要知道，马竞队史上的欧冠总进球数也才100球，还不如他一个人多呢！

第73分钟，本泽马禁区前横敲，费利佩铲断未果，C罗机敏地将球一让，右脚抽射入网！这已经是他在欧冠半决赛斩获的第12球，超越11球的皇马名宿迪斯蒂法诺，升至历史第一！

第86分钟，巴斯克斯禁区右侧下底倒三角回敲，C罗中路跟进，停球后右脚扫射破门，上演帽子戏法，3比0！

连续两场欧冠淘汰赛上演帽子戏法，C罗又成为历史第一人。近三场欧冠淘汰赛，他一共打进8球，表现让人叹为观止。虽然皇马在次回合以1比2输球，但是凭借首回合的巨大优势，还是以4比2的总比分淘汰了同城死敌，连续第二年跻身欧冠决赛。

自从欧冠改制以来，还没有哪支球队能够成功卫冕，哪怕强如"梦二""梦三"时期的巴萨也没有做到过。齐达内带领的球队、拥有C罗的皇马，能成为第一支球队吗？

　　"欢迎来到加的夫，2017 年的欧冠决赛将于今晚举行。毫无疑问，C 罗将成为皇马阵中的重点人物，他们刚刚赢得了 2012 年之后的首个西甲冠军，而尤文也赢得了意甲冠军。"讲着西班牙语的比赛解说员，用抑扬顿挫的语调做着开场。

　　不知有意还是无意，他提到了 C 罗的名字，却没有单独提及任何一名尤文球员，这诠释了决赛的奥秘：个体 VS 集体。

　　在阿莱格里的调教下，这支"斑马军团"拥有极高的战术素养。而布冯、基耶利尼、博努奇、巴尔扎利组成的意大利国家队防线，更是坚不可摧。欧冠前 12 场比赛，尤文取得 9 胜 3 平的战绩，是唯一保持不败的球队；仅失 3 球，单场最多丢 1 球；9 场零封对手，其中包括让"MSN"领衔的巴萨在两回合比赛颗粒无收！

　　然而，就是这样一道举世无双、史诗级别的"钢铁防线"，却被 C 罗给硬生生摧毁了。

　　决赛之前，C 罗就信誓旦旦地说道："我要让全世界知道，谁才是世界最佳！"

　　比赛第 20 分钟，C 罗中路分球，卡瓦哈尔右路横传，他跟上右脚不停球直接推射，球碰到博努奇稍稍变线，攻破了意大利"门神"布冯的十指关。

　　整个过程，C 罗就是在戏耍尤文整条防线：无球跑动，完全甩开了基耶利尼的盯防，接球射门时，身边竟然没有一名防守球员。尤文的世界级后卫都去哪儿了？这无疑是对对手的最大羞辱。

　　这一球，也再次创造了历史：C 罗成为欧冠改制以来，第一位在三个赛季欧冠决赛上都有进球的球员！

　　第 27 分钟，尤文的克罗地亚前锋曼朱基奇打入一记精彩的倒钩射门，将比分扳平。但在第 61 分钟，皇马再次取得领先：克罗斯的左脚推射被桑德罗挡出，卡塞米罗禁区外右脚轰出远射，球打在赫迪拉身上变线入网，2 比 1！

　　3 分钟之后，又见 C 罗。莫德里奇右侧底线横传，他前点包抄扫射破门，3 比 1！

　　进球之后，C 罗张开双臂，肆意庆祝。这是他在 2016—2017 赛季欧冠打入的第 12 球，足以让他超越 11 球的梅西，连续第 6 个赛季蝉联欧冠金靴奖，同时也成

为欧冠历史上第 6 位在决赛中梅开二度的球员！

第 90 分钟，马塞洛下底横传，阿森西奥中路推射建功，将最终的比分锁定为 4 比 1。而当德国主裁判布吕希吹响结束哨声的那一刻，C 罗跪倒在地，紧握双拳，仰天长啸！旋即俯身在地，双手抱头，激动得难以自已。

队友跑了过来，把 C 罗高高抛上天空。所有人都在仰视 C 罗，所有球迷都将掌声献给了 C 罗，所有镜头都对准 C 罗。

毫无悬念，他荣获了欧冠决赛的最佳球员，给他颁奖的正是恩师弗格森。两人深深拥抱，C 罗禁不住露出了孩童般的笑容。

"这是一场令人印象深刻的决赛。我们的目标是赢得这次的欧冠冠军。我们已经做到了卫冕，证明了皇马是世界上最棒的球队。感谢球迷从欧冠开始以来对我们的支持！"C 罗说道。

是的，皇马夺得了队史上第 12 个欧冠冠军，也成为欧冠改制以来第一支成功卫冕的球队。C罗则完成了欧冠两连冠——这是梅西迄今为止都未曾做到的。

2017—2018赛季刚开始，C罗遭遇当头一棒。西班牙超级杯对阵巴萨的首回合，C罗因为推搡裁判而遭到禁赛处罚，不过，禁赛并不涉及欧冠赛场。于是，他就将怒气尽情宣泄到了欧冠小组赛。

皇马与多特蒙德、热刺、阿波尔分在同一组。6场比赛，C罗竟然场场都有进球，其中包括3场梅开二度，一共打进9球，率领"银河战舰"成功地从"死亡小组"中突围。

1/8决赛，皇马遇到了巴黎圣日耳曼。此时，内马尔已经离开巴萨，以2.22亿欧元的天价加盟巴黎圣日耳曼，与姆巴佩、卡瓦尼组成了同样实力强大的"锋线三叉戟"。但是，C罗给内马尔以及自己的"小迷弟"姆巴佩好好地上了两堂课。

首回合比赛，在伯纳乌球场进行。第33分钟，巴黎圣日耳曼先声夺人：姆巴佩右路突破马塞洛之后送出传中，卡瓦尼前点一漏，纳乔中路铲断内马尔，但拉比奥禁区内跟上右脚兜射破门，0比1！皇马落后。

第44分钟，洛塞尔索禁区内拉倒克罗斯，当值主裁判罗基果断判罚点球，C罗将球罚向球门的左下角，对方门将阿雷奥拉虽然判断对了方向，无奈射门角度太过刁钻，只能望球兴叹，1比1！

第83分钟，阿森西奥禁区左路下底传中，球击中穆尼耶后发生折射，阿雷奥拉将球扑出，谁料C罗已鬼魅般杀到，球正好被他撞入网窝，2比1！皇马逆转。

仅仅3分钟之后，阿森西奥助攻马塞洛破门，将最终的比分锁定为3比1。

梅开二度之后，C罗在2017—2018赛季的欧冠进球数已经来到11球，但这还没有结束。次回合做客巴黎王子公园球场，他又在第51分钟打破僵局：巴斯克斯禁区左侧传中，C罗后点头球冲顶入网，彻底扼杀了法甲豪门翻盘的希望！

这样一来，赛季的前8场欧冠，C罗场场破门得分，创造了欧冠新纪录！跨赛季来看，他则是连续9场欧冠都有进球，追平了曼联前队友范尼斯特鲁伊保持的历史纪录，而这一纪录将在下一场被他打破。

1/4决赛，"银河战舰"再遇上赛季的决赛对手尤文，C罗也再次成为"斑马军团"的梦魇。

首回合在都灵开战。开场仅3分钟，伊斯科禁区左侧突破横传门前，C罗中路右脚捅射，闪击破门！

而最令人震撼的一幕，发生在比赛第64分钟：基耶利尼解围失误，C罗禁区左

侧底线倒三角传球，巴斯克斯推射被布冯封出；卡瓦哈尔右路传中，禁区中路的C罗后退几步，背对球门，倏地腾空而起，在空中将身体打开再折叠，右脚倒挂金钩，球应声入网！看得布冯目瞪口呆。

一出补天罅，霸气世无双！这"补天一钩"，竟然是C罗职业生涯的第一次倒钩破门。跨赛季欧冠十连杀，他也将这一新的纪录收归囊中，欧冠正赛的总进球数攀升至119球！

第72分钟，C罗禁区中路巧妙直塞，马塞洛心领神会插上，盘过出击的布冯之后，抢在补防的桑德罗之前推射入网，3比0！皇马大捷。

2 球 1 助攻，C 罗独造 3 球，又一次以一己之力摧毁了意甲豪门。饶是基耶利尼乃世界足坛最优秀的后卫之一，布冯乃世界足坛最优秀的门将之一，面对杀神如他，又徒呼奈何？

首回合的比分如此悬殊，次回合是否会沦为走过场？尤文素以意志力顽强而著称，当然不会轻易放弃，所以哪怕是做客伯纳乌球场，"斑马军团"依然发起了凶猛的反击，一上来就打得皇马晕头转向。

开场仅 2 分钟，曼朱基奇就在禁区内头球破门，进球速度比 C 罗还快。

第 37 分钟，还是曼朱基奇，还是头球叩关，梅开二度！"斑马军团"已经 2 比 0 领先。

第 60 分钟，道格拉斯·科斯塔右路传中，纳瓦斯在马图伊迪的干扰下扑球脱手，法国中场补射打入空门，3 比 0，阿莱格里的球队竟然将总比分扳平了！

此时，比赛还剩 30 分钟才结束，尤文士气极盛，随时都有可能再进一球逆转总比分。但是，皇马有 C 罗，被逆转这种丢尽脸面的事儿，他怎能容许发生在自己身上？从来都是他逆转别人！

时间一分一秒流逝。伤停补时第 3 分钟，克罗斯挑传，C 罗头球摆渡，尤文中卫贝纳蒂亚在禁区内从背后撞倒了巴斯克斯，当值主裁判奥利弗判罚点球，还把激烈抗议的布冯红牌罚下。面对替补登场的什琴斯尼，C 罗将点球轰入球门右上角，这也是欧冠历史上常规时间内最晚罚进的点球。

绝杀之后，C 罗再次脱掉球衣，亮出一身肌肉！伯纳乌球场发出山呼海啸般的顶礼膜拜。

这粒点球有多重要？ 1 比 3，皇马虽然难逃次回合的失利，但仍以 4 比 3 的总比分有惊无险地闯入欧冠四强！而 C 罗，也完成了连续 11 场欧冠都有进球的惊天伟业，欧冠总进球数亦达到 120 球。

半决赛面对拜仁，C 罗的进球脚步终于停止了。但是，他的队友站了出来，帮助领袖分担重任。首回合，进球功臣是马塞洛和阿森西奥；次回合，轮到本泽马梅开

二度。一胜一平，皇马淘汰德甲班霸，连续第三个赛季闯入欧冠决赛！

2018 年 5 月 26 日的基辅奥林匹克体育场，皇马在欧冠决赛中遇到的对手换成了来自英超的利物浦。从多特蒙德到利物浦，克洛普再次站到了皇马的对面，而 C 罗 PK 萨拉赫，则是赛前全世界媒体都在疯狂炒作的热点。

比赛开始后，利物浦的攻势很是猛烈，皇马一度陷入非常被动的局面。所幸，纳瓦斯的状态依旧出色，高接低挡，力保球门不失。

正当人们以为皇马迟早都要丢球时，转折点在第 26 分钟突然出现了！在与拉莫斯拼抢时，萨拉赫的肩膀被别伤。经过队医检查后，他一度回到场内，但终究还是无法继续坚持，只能被拉拉纳换下。

离场时，萨拉赫流下了极度失望的泪水。而 C 罗第一时间过来拥抱和安慰萨拉赫，因为决赛开场不久就无奈伤退，这种痛，他最懂。

然后，就是"名场面"诞生。第 51 分钟，利物浦门将卡里乌斯犯下"超级巨大的低级失误"：他将克罗斯的挑传揽入怀中，然后手抛球准备发动快速反击。说时迟那时快，本泽马刚好伸出一脚，将德国门将抛出的球捅进网窝！

不过，利物浦还是相当强悍。第 55 分钟，米尔纳右侧角球传中，洛夫伦力压拉莫斯头球摆渡，马内门前凌空垫射入网，顽强地将比分扳平。

此时，齐达内令旗一挥：贝尔上场，换下伊斯科！而这一招，起到了决定性作用。

第 64 分钟，马塞洛左路传中，刚刚替补出场的贝尔，就像半决赛的 C 罗那般，展翅腾空、左脚倒钩，球划出了一道美丽的弧线，坠入球门，2 比 1！皇马再次领先。

第 83 分钟，贝尔在距离球门 25 米外左脚突施冷箭，结果，卡里乌斯又失误了。这一次，他的"黄油手"让球从他的手边漏进网窝。

替补双响，"大圣"疯狂！就这样，皇马以 3 比 1 的比分击败利物浦，完成了欧冠改制以来史无前例的三连冠伟业，欧冠总夺冠次数也达到 13 次，遥遥领先于欧洲群雄。齐达内更是成为历史上第一位率队连续三个赛季问鼎欧冠的主帅。

虽然 C 罗在决赛颗粒无收，但他打入的 15 球，尤其是 1/8 决赛和 1/4 决赛打入的 6 球，个个宝贵，至关重要，所以，他依然是皇马成就三连冠的头号功臣。

怀抱"大耳朵杯"，克里斯蒂亚诺亮出了五根手指。是的，他如愿以偿地捧起了个人的第五座欧冠奖杯，反超四冠的梅西，成为欧冠改制以来夺冠次数最多的球员，没有"之一"！

这是怎样的丰功伟绩？无论用多么华丽的语言来形容，大概都会显得苍白无力。思来想去，还是这么说吧：利物浦、巴萨、拜仁，三大欧洲传统豪门的欧冠冠军数量，也不过和他一个人的一样多。

此时此刻，C 罗和所有皇马人一样，都处于极度的喜悦当中，但他也知道，这是自己身披白衣战袍的最后一场比赛了。

第九章
都灵道难
三载折戟

　　欧冠决赛结束后，C罗与女友乔治娜上演动情激吻。然而，有记者抓着他决赛没进球的事儿不放，一问再问，因而激怒了他："谁是本赛季的欧冠最佳射手？也许欧冠应该改名了，改叫'CR7冠军联赛'！我当然生气，每场比赛我都想要进球……谁赢得了最多欧冠冠军？谁打入了最多进球？谁又拿到了欧冠金靴奖？我没什么好伤心的。"

　　更令"美凌格"吃惊的，则是C罗说的另外一句话："现在就是享受这一刻，几天之后，我会给支持我的球迷一个答复。在皇马的日子非常美妙。"最后一句"Fue muy bonito estar en el Madrid"，C罗用了葡萄牙语里的过去式——难道，皇马要成为他的过去了？

　　答案是肯定的，C罗在2018年夏天离开了皇马，转投意甲豪门尤文。而他在尤文的首场发布会上谈到欧冠冠军的话题时，异常低调："每个人都想赢得欧冠冠军，但是这很难。尤文此前距离夺冠仅有一步之遥，我希望自己能给球队带来帮助。但即便能够最终走到决赛，也没人能保证100%捧杯，我希望自己是那个幸运儿。"

　　五年四冠，欧冠三连冠，反而让C罗切身感受到了问鼎欧冠的难度有多大，所以，迎来全新挑战的他依然胸怀壮志，但是他更愿意用场上的进球来说话。

　　2018—2019赛季欧冠小组赛，尤文与曼联、瓦伦西亚、瑞士球队伯尔尼年轻人分在同一个小组。首战瓦伦西亚，C罗第一次代表新东家出征欧冠，结果开场29分钟，就被直接红牌罚下！这样的剧本，真是让人大跌眼镜。

　　这是C罗欧冠生涯154次出场吃到的第一张红牌。冤不冤？冤！其实，他只是

在与对方后卫穆里略发生碰撞之后，用手"摸"了一下对方的头。但是，当值主裁判布吕希在询问底线裁判的意见之后，认定 C 罗这是暴力行为，直接亮出红牌，将其罚出场外。

欧足联在调查取证之后，认定 C 罗的行为并不构成暴力，不会追加处罚。只是因为事后的调查并不能改变裁判在场上的判罚，所以，红牌没法撤销，C 罗将自动停赛一场，但不会缺席与老东家曼联的两回合比赛。

解禁复出之后，C罗两战"红魔"，彼时，对方的主帅已经换成了穆里尼奥。第一战，他又一次回到了老特拉福德球场，虽然没有再次攻破旧主的球门，但尤文凭借迪巴拉的唯一进球，还是从客场带走3分。

第二战，C 罗在比赛第 65 分钟轰出"世界波"，终结了欧冠连续 453 分钟、20 脚射门不进的球荒。这一次，他没有再"客气"，张开双臂，激情庆祝。

然而让人料想不到的是，曼联竟然在最后 4 分钟内连进两球，完成了逆转！不过，这场失利并没有影响到尤文的出线，"斑马军团"以小组第一的身份，挺进欧冠 16 强。

1/8 决赛，C 罗竟然又遇到了那个无比熟悉的对手——马竞，真是人生何处不相逢啊。当马德里德比已成追忆，2014 年和 2016 年的两场欧冠决赛已成绝响，不知

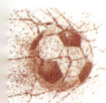

此时的 C 罗是否会回想起皇马时代的点点滴滴？

也许还没习惯这种转变，首回合重返马德里，做客卡尔德隆球场，C 罗未能有所建树，"斑马军团"也最终以 0 比 2 失利。

回到都灵，回到尤文图斯竞技场，那个马竞克星还是回来了！尤文 3 比 0 大胜，上演史诗级的逆转，而 C 罗一人打入全部的 3 球！

比赛第 27 分钟，贝尔纳代斯基左路送出传中，C 罗后点跃起，力压胡安弗兰，头球冲顶破门，首开纪录！

第 49 分钟，坎塞洛右路传中，C 罗禁区中路再次头球冲顶，尽管奥布拉克将球单掌击出，但视频回放显示，球已经整体越过门线，进球有效！尤文扳平总比分。

第 85 分钟，贝尔纳代斯基突入禁区之后被科雷亚推倒，当值主裁判判罚点球，C 罗右脚主罚一蹴而就，3 比 2！尤文翻盘！

顺境看 C 罗，逆境看 C 罗，绝境还看 C 罗。从皇马到尤文，这一点从来没有改变。中国的著名足球解说员黄健翔感慨道："34 周岁的人，这么好的状态，越是关键时刻，越能挺身而出，这样的球员、这样的表现，令文明用语变得苍白无力，只想吼那些脏话。"他，说出了所有尤文球迷的心声！

这是 C 罗在欧冠赛场上演的第 8 次帽子戏法，追平了梅西保持的历史纪录。谁说他老了？谁说他不行了？"欧冠之神"甩出两个字：呵呵！

1/4 决赛，尤文遇到了 2018—2019 赛季的黑马阿贾克斯。面对"青春风暴"，C 罗赛前表示自己还年轻，还能在场上和 20 岁出头的小伙子一较高下。而首回合比赛第 45 分钟，他也亮出了标志性的头球冲顶，为"斑马军团"从约翰·克鲁伊夫竞技场带走 1 分，立下汗马功劳。

次回合回到主场，还是头球，C 罗接皮亚尼奇角球传中，中路俯身冲顶破门，又一次叩关得手。只是这一次，他"双拳难敌四手"：范德贝克扳平比分，德里赫特还以头球。最终，尤文以 2 比 3 的总比分不敌阿贾克斯，无缘欧冠半决赛！

自从2009—2010赛季以来，C 罗第一次没有进入欧冠半决赛。不过，他已经竭尽全力扛着尤文前进了——2018—2019赛季的欧冠淘汰赛，尤文全队一共就进了5球，全部是由他一个人贡献的！尤文也越来越像C罗一个人的球队。

2019—2020赛季，阿莱格里离任，尤文聘请萨里担任球队的新帅，C罗则继续向着个人的第六个欧冠冠军发起冲击。

小组赛，意甲豪门又抽到马竞，同组对手还有德甲球队勒沃库森、俄罗斯劲旅莫斯科中央陆军。

首轮，尤文与马竞 2 比 2 握手言和，遗憾的是，C 罗未能再破马竞的球门。但第二轮对阵勒沃库森，他不仅打入 1 球，还创造了多项欧冠纪录：连续第 14 个赛季欧冠有进球入账，追平梅西与劳尔保持的纪录；获得欧冠第 150 场胜利，打破卡西利亚斯保持的胜场纪录；对阵 33 个不同的欧冠对手破门得分，追平劳尔保持的纪录。

第四轮尤文与莫斯科中央陆军一战，C 罗又迎来个人第 174 场欧战比赛，追平保罗·马尔蒂尼，排名历史第二，仅次于 188 场的卡西利亚斯。

最后一轮尤文再战勒沃库森，C 罗接迪巴拉助攻，推射空门得手，打进个人欧冠正赛的第 131 球，继续高居历史射手榜榜首！

最终，尤文以队史上欧冠小组赛最高的 16 分，成功拿到头名，强势晋级 16 强。尤文在 1/8 决赛的对手，是法甲球队里昂。

2020 年 2 月 26 日，尤文飞往法国参加首回合较量。新年以来的 9 场赛事，C 罗场场建功，状态极佳。但这一次，他遭到对手的严密盯防和限制，直到比赛第 35 分钟才完成第一脚射门，全场也只有 4 脚射门，无一射中门框范围之内。最后时刻，他还在对方禁区内倒地，可惜，主裁判曼萨诺拒绝判罚点球。

里昂在第 31 分钟由图萨尔打入唯一进球，1 比 0 小胜。不过这样的比分尤文还是可以接受的，因为回到主场，"斑马军团"完全有机会和能力逆转翻盘。

然而，突如其来的新冠肺炎疫情打乱了所有计划！欧洲五大联赛停摆，欧冠也跟着停摆，全世界几乎所有足球联赛都停摆了，何时恢复比赛？遥遥无期，甚至无法排除 2019—2020 赛季直接取消的可能性。

就这样苦苦等待了五个月的时间，欧冠才终于重新恢复，改在德国集中进行剩余的淘汰赛阶段比赛。

2020 年 8 月 7 日，这场迟来的第二回合较量上演了。而开场第 10 分钟，本坦库尔禁区内铲倒奥亚尔被判点球，孟菲斯·德佩主罚点球，勺子吊射破门，让尤文陷入了更大的被动局面当中。

关键时刻，还是 C 罗挺身而出。第 41 分钟，德佩禁区内手球犯规，他主罚点球，右脚低射建功，1 比 1！第 60 分钟，C 罗禁区前摆脱防守，左脚轰出一脚"世界波"，饶是里昂门将洛佩斯单掌一扑，球依然击中门柱，反弹入网，2 比 1！总比分被扳成 2 比 2 平。

梅开二度，35 岁的 C 罗真的拼了。可惜的是，没有队友能够站出来为他分担压力。最终，里昂的客场进球还是比尤文多一个，萨里的球队就此饮恨出局——上赛季至少

还进了 8 强，这一次直接在 16 强就折戟沉沙。

虽然萨里率队在联赛中提前两轮卫冕，完成了意甲九连冠的霸业，可尤文在意大利杯和意大利超级杯中均与冠军无缘，欧冠早早出局更是让球队高层十分不满，于是他的帅位被皮尔洛所取代。有齐达内在皇马执教成功的案例，尤文高层相信他可以率队在欧冠上完成突破。

球员时期球风优雅的皮尔洛是公认的中场大师，执教之后他推崇的也是瓜迪奥拉式的传控踢法。但可惜的是，尤文的阵容配置并不能完全满足他的打法要求，而为了完成所谓的"技术革命"，球队昔日赖以成功的稳固防守也渐渐动摇。

严重缺乏执教经验的皮尔洛在临场变化和随机应变方面也显示出明显的不足，尤文不仅在联赛中早早落后，欧冠赛场上也没能完成突破。

欧冠1/8决赛面对实力并不突出的波尔图，"斑马军团"首回合客场1比2不敌对手。回到主场之后，基耶萨的梅开二度一度让尤文看到希望，可奥利维拉在加时赛的任意球破门直接击溃了尤文。而缺少队友支持的C罗，没能成为挽救球队的英雄，连续两年止步欧冠16强的成绩更让他难以接受，最终选择了离开。

第十章

暂别欧冠
抑或永别

时隔 12 年重返曼联,时隔 12 年再次代表曼联出征欧冠,想必 C 罗心中感慨万分。而自从他走后,曼联再也没有拿到过欧冠冠军,所以"红魔"拥趸都希望 C 罗的回归能给球队带来第四座"大耳朵杯"。

C 罗在欧冠小组赛的表现,没有让任何人失望。首轮对阵伯尔尼年轻人,曼联虽然遭遇"开门黑",但他打入了回归之后的欧冠处子球。第二轮对阵比利亚雷亚尔,C 罗在第 95 分钟右脚抽射破门,完成惊天绝杀!第三轮面对亚特兰大,完成翻盘好戏的还是 C 罗:第 81 分钟他接卢克·肖传中头球叩关得手,率领曼联 3 比 2 力克对手。第四轮再战亚特兰大,C 罗先是在上半场伤停补时阶段劲射扳平,又在下半场凌空抽射绝平!第五轮再次遇到比利亚雷亚尔,C 罗挑射建功。

前 5 场小组赛,C 罗场场都有进球入账,一共打入 6 球!如果没有他的进球,曼联根本出不了线!

1/8 决赛,C 罗宿命般与马竞重逢。首回合做客卡尔德隆球场,面对马竞的铜墙铁壁,刚刚度过 37 岁生日的他难有作为,双方最终 1 比 1 握手言和。

次回合回到老特拉福德球场,第 41 分钟洛迪头球建功,打入全场比赛的唯一进球,曼联 0 比 1 饮恨出局,而 C 罗自从离开皇马之后,已经连续三个赛季止步欧冠八强了。

这个赛季,曼联未能进入英超前四,无缘 2022—2023 赛季的欧冠。而在夏天未能成功离队的 C 罗,职业生涯第一次参加欧联的比赛。

2022 年 9 月 8 日,曼联主场迎战皇家社会,C 罗上演了个人的欧联首秀。7 天

之后面对摩尔多瓦球队蒂拉斯波尔警长，他在第 39 分钟点球破门，攻进了个人的欧联首球。

第五轮再次遇到蒂拉斯波尔警长，C 罗左脚劲射完成双杀，而这也是他迄今为止在欧战赛事中打入的最后一球了。

2023年，C 罗离开欧洲，来到沙特，暂时告别了欧冠，接下来要出征的是亚足联冠军联赛。那么，这究竟是一时的暂别，还是一场永别呢？C 罗在接受采访时公开表示："我不会再回欧洲踢球，大门已经完全关闭了。我已经38岁了。"若真如此，那么"欧冠之神"就已经彻底告别属于他的欧冠赛场了。

5 冠，欧冠改制以来并列最多；

141 球，欧冠历史总进球数最多（含资格赛 1 球）；

187 场，欧冠历史出场数最多（含资格赛 4 场）；

42 次助攻，欧冠历史助攻数最多（含资格赛 1 次）；

13 球，欧冠半决赛历史进球最多；

4 球，欧冠决赛历史进球最多；

67 球，欧冠淘汰赛阶段历史进球最多；

历史上唯一在三届欧冠决赛中都有进球的球员；

……

纵观 C 罗的"封神之路"，最令人感动与钦佩的，还不是他所取得的辉煌成就，而是他的一路闯关、一路逆袭。

2007 年 4 月之前，他的欧冠正赛进球数还是 0，欧冠冠军数也是 0。在他面前，还有劳尔、范尼斯特鲁伊、亨利、迪斯蒂法诺、普斯卡什、尤西比奥、菲利波·因扎吉、路易斯·菲戈、卡卡等众多足坛球星，而比他小两岁的梅西，已有 4 球 1 冠在手。

然而，C 罗不断前进、不断超越、不断攀登，将包括梅西在内的所有对手，都甩在了身后，终于登上最高峰，成为"欧冠第一人"。

这从来不是一出"爽剧"，其中的艰难险阻，惊厄困苦，绝非常人与外人所能想象与体会。那么，C罗成功的秘诀是什么？

　　首先是天赋。诚然，C罗的绝对技术天赋，可能略逊于梅西，但最多的欧冠进球、最多的欧冠冠军，足以证明他的天赋一直都是最顶级的之一，尤其是在捕捉战机和射门方面，已经达到了殿堂级、史诗级。

　　除了天赋，还有什么？努力。除了天赋和努力，还有什么？永不言败的斗志和好胜心。胜利，永远是他的目标。

　　我辈皆凡人，没有C罗那样的绝世天赋，一生可能也赚不到他一个礼拜所赚的钱。但是，我们喜欢C罗，尊敬C罗，信仰C罗，从来不只是因为他的天赋，我们还欣赏他的努力、他的拼搏、他的刻苦，佩服他的斗志、他的决心、他的坚强，感叹他的好胜心、他的意志力、他的专注度——所有这些融为一体，才是一个真实的克里斯蒂亚诺·罗纳尔多，也是所有球迷在人生征途上值得学习的榜样。

历届欧冠冠军一览表

赛季	冠军	赛季	冠军	赛季	冠军
1955—1956	皇马	1978—1979	诺丁汉森林	2001—2002	皇马
1956—1957	皇马	1979—1980	诺丁汉森林	2002—2003	AC 米兰
1957—1958	皇马	1980—1981	利物浦	2003—2004	波尔图
1958—1959	皇马	1981—1982	阿斯顿维拉	2004—2005	利物浦
1959—1960	皇马	1982—1983	汉堡	2005—2006	巴萨
1960—1961	本菲卡	1983—1984	利物浦	2006—2007	AC 米兰
1961—1962	本菲卡	1984—1985	尤文	2007—2008	曼联
1962—1963	AC 米兰	1985—1986	布加勒斯特星	2008—2009	巴萨
1963—1964	国际米兰	1986—1987	波尔图	2009—2010	国际米兰
1964—1965	国际米兰	1987—1988	埃因霍温	2010—2011	巴萨
1965—1966	皇马	1988—1989	AC 米兰	2011—2012	切尔西
1966—1967	凯尔特人	1989—1990	AC 米兰	2012—2013	拜仁
1967—1968	曼联	1990—1991	贝尔格莱德红星	2013—2014	皇马
1968—1969	AC 米兰	1991—1992	巴萨	2014—2015	巴萨
1969—1970	费耶诺德	1992—1993	马赛	2015—2016	皇马
1970—1971	阿贾克斯	1993—1994	AC 米兰	2016—2017	皇马
1971—1972	阿贾克斯	1994—1995	阿贾克斯	2017—2018	皇马
1972—1973	阿贾克斯	1995—1996	尤文	2018—2019	利物浦
1973—1974	拜仁	1996—1997	多特蒙德	2019—2020	拜仁
1974—1975	拜仁	1997—1998	皇马	2020—2021	切尔西
1975—1976	拜仁	1998—1999	曼联	2021—2022	皇马
1976—1977	利物浦	1999—2000	皇马	2022—2023	曼城
1977—1978	利物浦	2000—2001	拜仁	2023—2024	皇马

（截至 2023—2024 赛季结束）

第 三 部

"五盾"之神

2022年卡塔尔世界杯，37岁的C罗止步八强，流下伤心的泪水。这是他第五次出战世界杯，却从未捧起过大力神杯。不过，一座欧洲杯冠军奖杯，一座欧国联冠军奖杯，以及"国家队历史射手王""欧洲杯历史射手王""五届世界杯进球历史第一人"等殊荣，还是告诉着人们：C罗就是"五盾"之神！

第一章
大赛首秀
憾获亚军

2003 年 8 月 20 日，已经加盟曼联的 C 罗迎来了代表葡萄牙队的处子秀。对阵哈萨克斯坦队的热身赛，他在下半场刚开始换下了传奇球星路易斯·菲戈，当时穿的当然还不是 7 号，也不是 17 号，而是 16 号。

虽然没有进球或者助攻，但 C 罗还是当选了那场比赛的最佳球员，为漫长的国家队生涯开了一个好头。

随后，C 罗又踢了 6 场热身赛，不过国家队处子球始终没有到来，但凭借在曼联的出色表现，他还是入选了葡萄牙队的欧洲杯大名单，出战国家队生涯的第一届大赛。

2004 年欧洲杯在葡萄牙举行，东道主的球迷对自己的国家队寄予厚望，而当时葡萄牙队的"黄金一代"也都在，路易斯·菲戈、鲁伊·科斯塔、西芒、保莱塔、库托仍是"五盾军团"的核心，C 罗只是大哥身边的小弟。

6 月 12 日，欧洲杯小组赛第一轮，葡萄牙队对阵希腊队，这场比赛的胜者是谁似乎毫无悬念。然而第 7 分钟，卡拉古尼斯就打入一球，东道主球队竟然 0 比 1 落后了！

下半场刚开始，身披 17 号球衣的 C 罗换下了西芒，上演他的欧洲杯首秀，也是国家队大赛首秀。但是第 51 分钟，巴西纳斯点球破门，葡萄牙队 0 比 2 陷入绝境！

最后时刻，竟然是 19 岁的 C 罗站了出来。第 93 分钟，路易斯·菲戈角球传中，C 罗高高跃起，头球破门，为葡萄牙队扳回一城！这是他国家队生涯的处子球，也是"绝境看 C 罗"的起始。

绝境之神：C罗

虽然1比2遭遇开门黑，但葡萄牙队收获了一位超级新星。第二轮对阵俄罗斯队，第78分钟C罗替补菲戈登场，第89分钟就为鲁伊·科斯塔送出助攻，锁定2比0的胜局。

第三轮面对西班牙队，葡萄牙队必须取胜才能小组出线，而C罗赢得了主帅斯科拉里的信任，第一次在大赛中首发登场！他的表现也非常活跃，直到第85分钟才被换下，获得这场比赛的最佳球员，"五盾军团"（葡萄牙队的绰号）则凭借努诺·戈麦斯的进球1比0取胜，晋级淘汰赛。

1/4决赛葡萄牙队遭遇英格兰队，C罗继续首发，而且打满120分钟。两队2比2难分高下，只能进入残酷的点球大战，这也是C罗第一次参加"12码点轮盘赌"，他第四个出场，在鲁伊·科斯塔罚丢的情况下稳住心神，稳稳将球罚中，展现出超越年龄的强大心理素质。最终，葡萄牙队总比分8比7险胜。

半决赛葡萄牙队对阵范尼斯特鲁伊、罗本、西多夫等名将领衔的荷兰队，C罗

更是完成了这届赛事的最精彩表演。第 26 分钟，德科角球传中，他腾空而起、叩关得手，为葡萄牙队打开胜利之门。

第 58 分钟，C 罗又送出角球传中，助攻马尼切扩大比分，传射建功，主宰比赛，将葡萄牙队送入了决赛。

第一次参加国家队大赛，C 罗就进入了决赛，距离冠军只有一步之遥。2004 年 7 月 4 日，欧洲杯决赛在里斯本的光明球场举行，葡萄牙队再战希腊队。C 罗先发亮相，成为欧洲杯决赛历史上最年轻的首发球员。

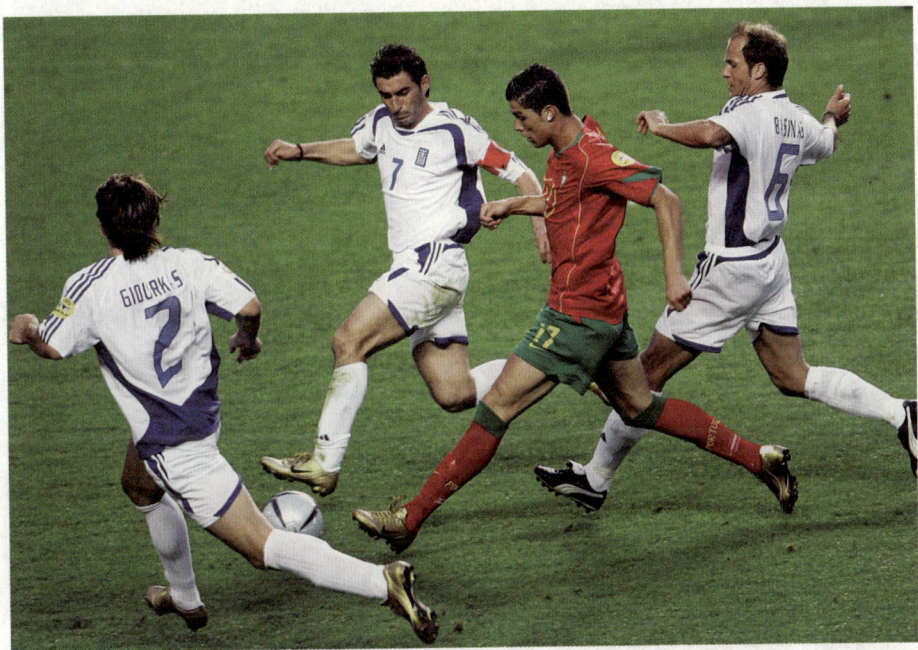

然而，葡萄牙队费尽九牛二虎之力，依然无法撼动希腊队的铜墙铁壁，反倒在第 57 分钟被查理斯特亚斯头球破门。而 C 罗错失了一次单刀破门的良机，最终只能 0 比 1 饮恨，屈居亚军！还是个孩子的 C 罗，哭成了泪人。

不过，C 罗的表现已经赢得了球迷的一致认可，所有葡萄牙人都坚信：C 罗终将为葡萄牙队带来历史上的第一座大赛冠军奖杯，只不过是时间问题罢了。

第二章
亮相德国
争议上身

　　2006 年，此时已经在曼联扬名立万的 C 罗第一次参加世界杯。4 年之前，他在电视机前目睹了葡萄牙队饮恨韩国的一幕，C 罗希望能够亲自站上世界杯的舞台，向大力神杯发起冲击。

　　世界杯预选赛上，C 罗打入 7 球，状态相当出色。而小组赛首轮对阵安哥拉队，他也首发登场，上演了世界杯的处子秀，葡萄牙队 1 比 0 小胜，喜获开门红。

　　第二轮面对伊朗队，C 罗在第 80 分钟点球破门，打入了个人世界杯的处子球！取得两连胜的"五盾军团"提前晋级，所以第三轮与墨西哥队一战，C 罗获得了轮休的机会。

　　1/8 决赛再次遇到荷兰队，C 罗在第 34 分钟被对方后卫博拉鲁兹铲伤，不得不被西芒换下。被迫退场之时，他甚至流下了伤心的泪水，所幸伤势没有大碍，葡萄牙队也以 1 比 0 的比分顺利跻身八强，他可以继续参赛了。

　　1/4 决赛，葡萄牙队碰上了英格兰队，C 罗碰上了自己的曼联队友鲁尼。于是，"名场面"诞生了：

　　第 62 分钟，卡瓦略在拼抢时摔倒在地，鲁尼不经意地踩到了他的大腿腹股沟。C 罗立刻冲上前去，与当值主裁判埃利松多进行理论。事后，有英国媒体声称，C 罗是在要求裁判向鲁尼出示红牌。鲁尼则对 C 罗的作法相当不满，推了他一把。

　　最终，埃利松多还是掏出红牌，将鲁尼罚出场。而 C 罗冲着鲁尼"调皮"地眨眼，一副诡计得逞的样子，这一幕正好被摄像机拍下，被全世界球迷目睹。

　　最终虽然葡萄牙队多一人作战，但 120 分钟战罢，两队还是 0 比 0 互交白卷，

进入点球大战。兰帕德、维亚纳、佩蒂特、杰拉德、卡拉格先后失手，还是 C 罗顶住压力，第五个出场打入制胜点球，率领球队成功晋级四强！

半决赛，葡萄牙队遭遇齐达内、亨利、里贝里等众星云集的法国队，第33分钟亨利制造点球，C 罗场上的对手、未来的主教练齐达内一蹴而就，攻进全场比赛的唯一进球，"五盾军团"就此止步，无缘决赛，之后又在三、四名决赛中1比3负于德国队，最终获得殿军。

对于 21 岁的 C 罗来说，未能杀入决赛固然是巨大的遗憾，但这毕竟是他的第一届世界杯，能进四强，也足以令人感到满意。更重要的是，随着"黄金一代"的淡出，C 罗将成为葡萄牙队新的领军人物，以后的重担，就要由他扛起了。

第三章

承载 7 号
接任队长

2008 年欧洲杯，路易斯·菲戈已经退出国家队，C 罗成为葡萄牙队的新 7 号球员，不过刚刚在曼联夺得英超和欧冠"双冠王"的他，受到脚踝伤病的困扰，但为了国家队，他愿意带伤出战。

小组赛首轮，葡萄牙队就以 2 比 0 轻取土耳其队，中后卫佩佩和后腰梅雷莱斯各入一球。而第二轮面对捷克队，开场第 8 分钟 C 罗就助攻德科闪击得手，第 63 分钟他又接德科传球，右脚抽射打入 2008 年欧洲杯的个人首球。

第 91 分钟，C 罗又给好友夸雷斯马送上助攻，单场 1 射 2 传，独造 3 球，率领葡萄牙队 3 比 1 取胜，以两连胜提前从小组出线！

进入淘汰赛，"五盾军团"一上来就遇到了德国队，双方上演进球大战，葡萄牙队开场一度两球落后，第 40 分钟 C 罗的劲射被莱曼扑出，努诺·戈麦斯补射入网扳回一球，可惜他自己未能破门得分，最终 2 比 3 告负，遗憾出局无缘四强！

这是 C 罗参加国家队大赛以来，第一次没进半决赛，也是 2008 年留下的唯一遗憾，当然，这并未影响到他赢得自己的第一个金球奖。

欧洲杯结束之后，C 罗正式接过队长袖标，成为葡萄牙国家队的领袖。而从曼联转会皇马之后，球迷对他在国家队的表现也给予了更多的关注和更高的期待。

2010 年 6 月，C 罗前往南非，第二次参加世界杯。此时，他的状态并不出色，世界杯预选赛竟然一球未进，在国家队的进球荒已经达到了 16 个月。而葡萄牙队的主教练已经换成了曼联前助教、皇马主帅奎罗斯，两人彼此之间非常熟悉，也非常信任。

小组赛首轮，葡萄牙队 0 比 0 战平科特迪瓦队，对手阵中拥有亚亚·图雷、卡卢、

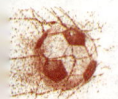

热尔维尼奥、科洛·图雷、埃布埃等名将，这样的结果完全可以接受。

第二轮对阵朝鲜队，葡萄牙队露出了进攻的"獠牙"，7比0横扫对手！C罗在第60分钟助攻蒂亚戈破门，并在第87分钟终于打破了进球荒——自2009年2月11日以来第一次在国家队破门得分。

第三轮，"五盾军团"与巴西队0比0握手言和，排名小组第二，从"死亡之组"中出线。

然而1/8决赛面对宿敌西班牙队，葡萄牙队还是败下阵来，0比1遗憾出局，C罗面对拉莫斯、哈维·阿隆索、卡西利亚斯等俱乐部队友，虽然打满全场，却没有什么亮眼的表现。

不过，输给这支西班牙队并不冤，因为其拥有哈维、伊涅斯塔、布斯克茨、哈维·阿隆索、比利亚、托雷斯等球星，正处于最巅峰的时期，西班牙队已经在2008年夺得欧洲杯冠军，也最终成为2010年世界杯冠军，完成大赛两连冠。

第四章
天神下凡
第一射手

两年后的2012年欧洲杯，葡萄牙队进入真正的"死亡之组"，同组对手包括德国队、荷兰队和丹麦队，实力都非常强大，"五盾军团"能否成功突围？新一任的主帅保罗·本托能否与C罗成功合作？全世界的球迷都在关注。

要知道，C罗在刚刚过去的赛季里各项赛事轰下60球，状态正佳。不过在国家队，葡萄牙队的主力中锋是波斯蒂加和阿尔梅达，他们都是传统型中锋，C罗担任的还是左边锋。

小组赛首轮对阵老对手德国队，葡萄牙队0比1遭遇"开门黑"，C罗在对方右后卫博阿滕的严防死守下没有作为。而第二场面对丹麦队，葡萄牙队也只是凭借第87分钟的绝杀3比2险胜，C罗还是颗粒无收，让人感到担忧。

所幸，最后一轮与荷兰队的关键较量，他终于找回状态，挺身而出。第11分钟，范德法特为荷兰队首开纪录，葡萄牙队陷入绝境！而正所谓"绝境看C罗"，第28分钟，C罗单刀破门，将比分扳平。

第74分钟，C罗禁区内接到纳尼传球，左脚冷静扣过范德维尔，右脚射门命中，2比1！葡萄牙队完成逆转，从"死亡之组"杀出，成功晋级淘汰赛。

1/4决赛，葡萄牙队遭遇捷克队，关键时刻，又是C罗站了出来：第79分钟接穆蒂尼奥传中俯冲头球，攻破了切赫的十指关。而正是凭借这一球，"五盾军团"跻身四强。

半决赛，伊比利亚德比再现，葡萄牙队再战西班牙队，C罗获得了复仇的机会。然而两队踢满120分钟，加时赛战罢，依然难分胜负。点球大战中，C罗原定第五

个罚球，由于排在前面的穆蒂尼奥和布鲁诺·阿尔维斯罚丢点球，还没轮到他出场，葡萄牙队就被淘汰了。

如你所知，西班牙队最终夺得了这届欧洲杯的冠军，实现了前所未有的国家队大赛三连冠。

虽然止步欧洲杯半决赛，但C罗的个人表现还是得到了球迷的认可，而他对两年之后的世界杯也充满信心。不过，在2014年世界杯预选赛上，葡萄牙队遇到了麻烦，以1分之差屈居俄罗斯队之后，未能直接晋级，不得不去参加凶险无比的附加赛。

上届欧洲杯，葡萄牙队也是通过附加赛晋级的，当时的对手是波黑队，结果首回合客场0比0战平，次回合回到主场6比2大胜，C罗梅开二度。而这一次，他们的对手是伊布拉希莫维奇（以下简称"伊布"）领衔的瑞典队。

精湛的球技和霸气的个性，让伊布成为世界级球星，他与C罗的直接较量，也将决定谁能搭上世界杯的末班车，谁又将倒在世界杯的门外。

2013年11月15日的首回合比赛，葡萄牙队主场1比0力克瑞典队，打入全场唯一进球的是谁？当然是C罗！第82分钟，维罗索左路传中，C罗门前鱼跃冲顶破门，绝杀！第84分钟，阿尔梅达左路传中，还是C罗后点高高跃起，头球攻门，可惜顶在了横梁上。

11月19日的次回合比赛，C罗更是天神下凡，彻底赢得了与伊布的对决！

第50分钟，C罗超车奥尔森突入禁区，左脚推射远角得手，为葡萄牙队打破僵局。

第68分钟，拉尔森角球传中，伊布小禁区力压阿尔维斯头球破门，1比1扳平，总比分改写为2比1！

第72分钟，伊布右脚任意球直接入网，竟然将总比分也扳成了2比2平！葡萄牙队虽然还有客场进球优势，但只要再丢一球，就将被淘汰。

第77分钟，阿尔梅达分球，C罗突入禁区左侧，小角度右脚低射得手，2比2，总比分3比2再次领先！

仅仅2分钟之后，穆蒂尼奥反击中送出直塞，C罗突入禁区右侧，过掉门将之

后小角度推射破门，上演帽子戏法！葡萄牙队以总比分 4 比 2 拿下晋级名额。

　　C 罗上演帽子戏法，击败了双响的伊布，凭借一己之力把葡萄牙队带进了世界杯决赛圈，而且以 47 球追平保莱塔，并列葡萄牙队"历史射手王"！

　　2014 年 3 月 5 日，C 罗在对阵喀麦隆队的友谊赛中梅开二度，以 49 球超越保莱塔，独享葡萄牙队"历史射手王"的宝座。

　　从 2003 年首秀，到 2004 年首球，再到 2014 年成为葡萄牙队"射手王"，C 罗用了 10 年时间，110 场比赛。而接下来的 10 年，他将会把这一数字翻倍！

第五章

大赛首冠
问鼎欧洲

在 2014 年巴西世界杯上，C 罗遭遇国家队生涯最沉重的打击。

这是他第三次站上世界杯的舞台，受到髌腱炎影响的 C 罗表现平平，葡萄牙队首轮就 0 比 4 惨败给德国队，第二轮被美国队 2 比 2 战平。直到第三轮，C 罗终于在第 80 分钟进球了，率领球队 2 比 1 力克加纳队，个人连续六届国家队大赛破门得分。

但是，"五盾军团" 3 战只有 1 胜 1 平 1 负，积 4 分，因为净胜球的劣势排名小组第三，未能从小组出线。

此时的 C 罗，已经在个人荣誉和俱乐部冠军方面实现丰收，只差一座国家队的大赛奖杯了，这也是他梦寐以求的。

2016 年欧洲杯之前，C 罗又拿到了欧冠冠军。这一次，他是在国家队复制辉煌，还是重蹈两年前的覆辙呢？

2016 年欧洲杯赛扩军至 24 支球队，按照规则，四个成绩最好的小组第三也将出线。而葡萄牙队的前进道路，依然充满惊险。小组赛首战，球队就被黑马冰岛队 1 比 1 逼平，开局不利，C 罗也没有取得进球。

第二轮对阵奥地利队，C 罗迎来第 128 场国家队比赛，正式超越路易斯·菲戈，成为葡萄牙队历史出场纪录保持者！但是，两队 0 比 0 互交白卷，C 罗还在第 79 分钟罚丢本可以绝杀比赛的点球，险些成为"罪人"！

前两轮过后，葡萄牙队只有 2 分，最后一轮的对手匈牙利队则有 4 分，所以只有击败对手，才能确保小组出线，若是打平，则要看其他小组的"脸色"。

而比赛第 19 分钟，匈牙利队竟然首开纪录！C 罗回防将角球顶出禁区外，格

绝境之神：C罗

拉弧顶停球，一脚低射，球直飞球门右下角，0比1！葡萄牙队陷入绝境！

还是那句话"绝境看C罗"！第42分钟，他前场送出直塞，纳尼禁区内小角度入网，将比分扳成1比1平！

下半场刚开始两分钟，茹扎克主罚任意球直接破门，匈牙利队再次取得领先，1比2！第50分钟，C罗做出强势回应，若奥·马里奥右路传中，他禁区中路脚后跟射门，2比2！

连续四届欧洲杯进球，连续七届国家队大赛进球，C罗成为历史第一人！

第55分钟，匈牙利队第三次取得领先：茹扎克的任意球射门被人墙挡下，他在禁区前晃过防守球员，射远角得手，2比3！而在第62分钟，又是C罗站了出来，接夸雷斯马传中头球破门，3比3！

三度落后，三度扳平，C罗贡献2球1助攻，再次凭借一己之力拯救了葡萄牙队。"五盾军团"以小组第三的身份惊险出线，晋级16强。

1/8决赛，葡萄牙队对阵克罗地亚队，C罗与皇马队友莫德里奇相遇。90分钟战罢，两队还是0比0平。直到加时赛第117分钟，C罗禁区内小角度射门被对方门将扑出，夸雷斯马跟进补射得手，才以1比0的比分绝杀克罗地亚队，跻身八强。

1/4决赛面对莱万多夫斯基领衔的波兰队，120分钟结束，两队1比1握手言和，C罗在残酷的点球大战中第一个出场，主罚命中稳定军心，为葡萄牙队打开了四强的大门。

半决赛，葡萄牙队大战威尔士队，C罗遇到了另一位皇马队友贝尔。第50分钟，格雷罗左路传中，C罗头球叩关得手，打破场上僵局！这是他在欧洲杯上打入的第9球，追平普拉蒂尼，并列"欧洲杯历史射手王"！

仅仅3分钟之后，C罗禁区外远射，球经过纳尼的折射之后飞入网窝，2比0！葡萄牙队锁定胜局，C罗传射建功，是晋级决赛的头号功臣。

2016年欧洲杯决赛，葡萄牙队在法兰西体育场对阵东道主法国队。然而开场第8分钟，C罗就被帕耶撞到右腿膝盖，经过简单治疗之后，缠着厚厚的绷带回到球场。

但在第 25 分钟，他终究还是无法坚持，只能坐在地上，而此时，一只蝴蝶恰巧落在了他流泪的眼睛上，这一幕成为足坛最不可思议的瞬间。

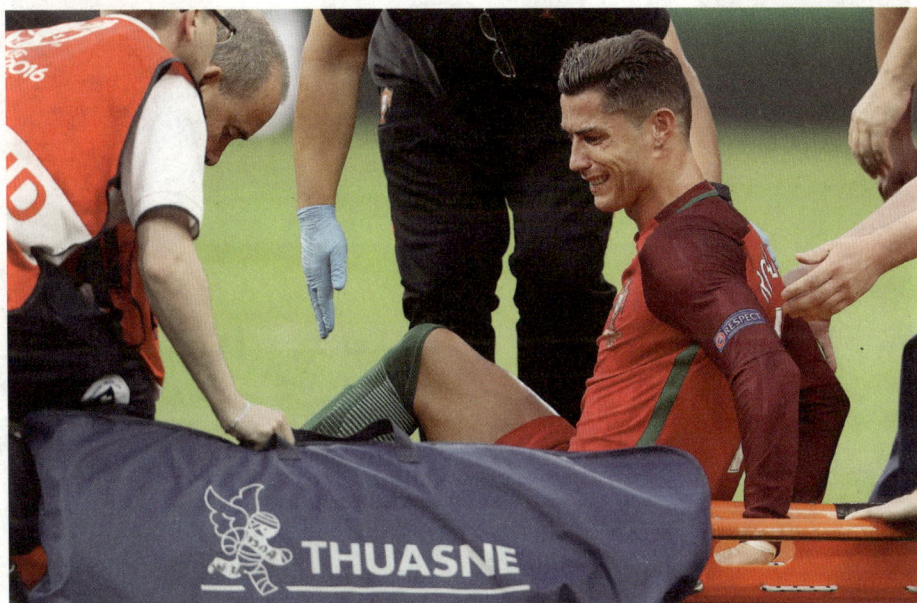

下场之后，C 罗并没有离开，也没有坐在替补席上无所事事，而是像一个教练一般，在主帅费尔南多·桑托斯身边激情指挥，像极了 2013—2014 赛季欧冠决赛安切洛蒂身旁的齐达内。

最终，替补登场的埃德尔在加时赛第 109 分钟一击制胜，为葡萄牙队带来了大赛首冠，也成全了 C 罗的首个国家队大赛冠军！

这一次，C 罗流下了幸福的泪水，而不是像 2004 年欧洲杯决赛那样的伤心之泪。12 年后，他终于以队长身份高高举起了冠军奖杯，成为葡萄牙的国家英雄，而且比梅西更早地结束了国家队的大赛冠军荒。

有人质疑C罗是"躺冠"，这显然是极其错误的观点，他在欧洲杯上的作用与贡献，绝不应该因决赛的离场而受到丝毫贬损，因为如果没有他，葡萄牙队连小组赛都无法出线，连决赛都进不了。

第六章

帽子戏法
再登王座

　　既然欧洲杯已经圆梦，那么 C 罗只剩下最后一项挑战——世界杯冠军了。而在2018 年，他迎来了个人的第四届世界杯，成为葡萄牙队历史上第一个四次征战世界杯的球员。

　　小组赛首战，葡萄牙队就再次遇到宿敌西班牙队，C 罗上演了世界杯生涯的最经典一战！

　　开场仅仅 4 分钟，C 罗突入禁区被纳乔绊倒，他亲自主罚点球，攻破德赫亚的十指关，1 比 0！葡萄牙队取得闪电领先。C 罗也与乌韦·席勒、贝利、克洛泽三位世界杯传奇并肩，达成四届世界杯取得进球的成就。

　　第 24 分钟，西班牙队发动快速反击，迭戈·科斯塔撞倒佩佩，接布鲁克茨长传禁区内单兵作战，连续变相摆脱后卫，一脚抽射扳平比分！

　　第 44 分钟，格德斯拿球传给 C 罗，C 罗禁区前突施冷箭，德赫亚措手不及，球打在他的右脚变向入网，2 比 1！葡萄牙队再次反超。

　　第 55 分钟，迭戈·科斯塔抢点捅射梅开二度，西班牙队 2 比 2 扳平。而 3 分钟之后，纳乔在禁区外一脚势大力沉的远射，帮助西班牙队 3 比 2 逆转比分。

　　此后两队都有几次不错射门，但比分迟迟没有被改写。正当人们都以为比赛将要就此结束时，C 罗站了出来。第 88 分钟，皮克在禁区外将他放倒，C 罗主罚任意球，还是标志性的"电梯球"，球在空中转了一个角度，直挂球门右上死角！3 比 3！绝平！正所谓"翩若惊鸿，婉若游龙"，不外乎是也。

　　这是 C 罗在世界杯上的第一个帽子戏法，再次凭一己之力决定了葡萄牙队的命

运。赛后，西班牙队主帅耶罗叹服道："当你对阵像C罗这样的球员时，这样的情况就会发生，我们很好地控制了比赛，但对于C罗来说，改变比赛只需要一瞬间的灵光乍现。"

第二轮对阵摩洛哥队，开场第4分钟C罗接穆蒂尼奥传中头球破门，打入全场比赛的唯一进球，而这一球，也让他以86球超越匈牙利队传奇普斯卡什，成为欧洲国家队的"历史射手王"。

第三轮面对伊朗队，C罗第53分钟制造点球，可惜他亲自主罚，被对方门将贝兰万德扑出，错失连续三场比赛破门的良机，葡萄牙队也最终1比1与对手握手言和，因为净胜球的劣势，以小组第二的身份出线。

1/8决赛，"五盾军团"迎来了路易斯·苏亚雷斯和卡瓦尼搭档锋线的乌拉圭队。结果开场第7分钟，两位世界级前锋就成功连线，卡瓦尼撞射破门！

第55分钟，佩佩头球扳平比分，但第62分钟，本坦库尔助攻，卡瓦尼梅开二度，葡萄牙队1比2告负，无缘八强！C罗的第四届世界杯之旅，也就此黯然收场。

不过一年之后，C罗还是夺得了国家队生涯的第二座冠军奖杯！首届欧国联，葡萄牙队成功跻身决赛圈。而半决赛面对瑞士队，C罗再次上演帽子戏法！

第25分钟，C罗制造任意球并亲自主罚，距离球门26米开外，他右脚劲射，球穿过人墙后直蹿死角，近一年来首次任意球直接破门！第57分钟，对手扳平比分。但最后5分钟，C罗接管了比赛。第88分钟，贝尔纳多·席尔瓦倒三角回传，他跟上右脚扫射破门，梅开二度！第90分钟，瑞士队中场扎卡出现低级传球失误，葡萄牙队断球发动反击，格德斯传球，C罗得球之后踩单车晃开防守球员，随即右脚大力抽射死角入网，锁定3比1的胜局！

2019年6月9日，欧国联决赛，葡萄牙队对阵荷兰队。面对"世界第一中卫"范戴克的防守，C罗未能取得进球。但是第60分钟，贝尔纳多·席尔瓦带球突入禁区后回传，格德斯射门，对方门将西莱森虽然扑了一下，却没能阻止球入网。

凭借格德斯的进球，"五盾军团"1 比 0 力克对手，夺得冠军！时隔三年，C 罗再次在国家队夺冠，他将奖杯扛在自己的右肩上，脸上露出了骄傲的笑容。

第七章
攻入百球
荣耀加身

　　欧洲杯和欧国联的冠军都有了，C罗还差什么？当然是世界杯了。然而在此之前，他的目标还有一个，那就是成为世界足坛国家队的"历史射手王"。

　　2020年9月8日，第二届欧国联小组赛第二轮，葡萄牙队客场挑战瑞典队。第45分钟，C罗右脚任意球直接破门，打破场上僵局。而这，是他在国家队攻进的整整第100球，成为现役球员里第一位到达百球里程碑的球员！

　　C罗的国家队100球里面，上半场诞生41球，下半场诞生59球；右脚打入54球，左脚攻进22球，头球建功24次；任意球破门10次，运动战破门79次，点球破门11次。

　　在遇到的所有对手里，C罗最爱的是立陶宛队，打入7球；其次是瑞典队，打入6球；然后是安道尔队、亚美尼亚队、拉脱维亚队、卢森堡队，均打入5球。

　　面对传统豪门，C罗四破荷兰队、三破西班牙队、一破阿根廷队，但没有攻破过英格兰队、德国队、意大利队和法国队四大欧洲强队的球门，还有南美的巴西队。

　　C罗共有9次单场至少打入3球，包括7次帽子戏法和2次"大四喜"。2016年10月，他在对阵安道尔队一战狂进4球；2019年9月，又4次洞穿立陶宛队的球门。

　　他在国家队攻入的100球里面，有31球来自欧洲杯预选赛，30球来自世界杯预选赛；世界杯正赛7球，欧洲杯正赛9球——两项大赛合计16球；欧国联4球，国际足联联合会杯2球，友谊赛17球。

　　而在2019年，C罗一共斩获14球，创造了单一自然年的国家队历史进球纪录。

另外还有 3 个进球上双的年份：2016 年，13 球；2017 年，11 球；2013 年，10 球。

但是在国家队的历史总射手榜上，C 罗的身前还有一位，他就是伊朗队的传奇前锋阿里·代伊，109 球的"射手王"。不过所有人都知道，葡萄牙球星完成超越，只是时间问题，而且会很快。

因为新冠肺炎疫情的原因，2020 欧洲杯被迫推迟一年，在 2021 年夏天进行。志在卫冕的 C 罗在小组赛表现得十分出色，首轮对阵匈牙利队，他在第 87 分钟点球破门，5 分钟之后又梅开二度，率队取得 3 比 0 的开门红。

第二轮对阵老冤家德国队，开场第 15 分钟，C 罗狂奔 90 多米，接若塔助攻推射破门！他的欧洲杯总进球数已经达到 12 球，超过普拉蒂尼，成为"欧洲杯历史射手王"！

然而鲁本·迪亚斯和格雷罗两次送上乌龙大礼，哈弗茨和戈森斯下半场再进 2 球，葡萄牙队竟然 1 比 4 落后！第 67 分钟，C 罗在远点将任意球传中勾回门前，助攻若塔门前近射得手，可惜最终还是未能挽回败局。

　　小组赛出线之后，葡萄牙队在 1/8 决赛遭遇比利时队，面对阿尔德韦雷尔德、维尔通亨和维尔马伦组成的三中卫，C 罗踢得非常艰难。而第 42 分钟，埃登·阿扎尔的弟弟托尔根·阿扎尔远射破门，打入制胜进球，"五盾军团"遗憾地以 0 比 1 告负，无缘八强。

　　不过，该来的总会来的。2021 年 9 月 1 日，2022 年世界杯预选赛小组赛，葡萄牙队主场迎战爱尔兰队。在 0 比 1 落后的情况下，C 罗下半场梅开二度，率领球队完成 2 比 1 逆转。更重要的是，他代表国家队的进球总数达到 111 球，就此超越阿里·代伊，成为世界男足国家队的历史第一射手！

　　打破纪录之后，C 罗激动地表示："这个纪录是我的，它是独一无二的。我非常开心，这是我职业生涯的又一个纪录。打破纪录的动力来自继续踢球的欲望，也来自与曼联的签约，我很高兴'回家'。重要的是，我们每天起床都要有野心，鞭策自己做得更好，给球迷和孩子带来快乐。"

第八章

最后一舞
未完待续

　　遗憾的是，C罗的"回家"之旅以与曼联的决裂而告终。在曼联官方宣布与他解约之时，C罗正在参加2022年卡塔尔世界杯。几乎所有人都认为，这将是他与梅西的最后一届世界杯，即"最后一舞"，谁能抓住最后的机会，捧起大力神杯呢？

　　至少在开赛前，C罗在接受皮尔斯·摩根采访时曾经笑着说道："如果葡萄牙队能够夺得世界杯冠军，我就100%退役！"

　　小组赛首战，葡萄牙队3比2险胜非洲劲旅加纳队。第65分钟，C罗制造点球并亲自主罚命中，成为历史上第一位连续5届世界杯都有进球的球员，也是历史上第一位连续10届大赛（5届欧洲杯和5届世界杯）都有进球的球员！

　　第二轮对阵乌拉圭队，C罗继续首发。第54分钟，他高高跃起，头球一晃，球弹地之后飞入网窝。进球之后，C罗开始庆祝，当时所有人都认为，他的头部碰到了球，这是属于他的进球。不过随后国际足联认定C罗并未碰到球，最终进球归属布鲁诺·费尔南德斯。而当C罗在第82分钟被换下之后，葡萄牙队获得了点球，他没有机会主罚了，结果布鲁诺·费尔南德斯操刀命中，梅开二度！葡萄牙队两连胜提前出线！

　　最后一轮面对韩国队，葡萄牙队1比2输球，无伤大雅，不过C罗在防守角球时背部"助攻"对手破门，则显得有些运气不佳。

　　然而1/8决赛葡萄牙队对阵瑞士队，C罗竟然没有首发，突然坐上了替补席！一时间传闻四起，甚至有消息称他和老帅桑托斯发生了冲突。

　　对此，桑托斯解释道："当天午餐后我跟C罗进行了谈话，解释了他不会首发的原因。我告诉他下半场他出场可以拿下比赛。C罗当然不太高兴，因为他总是以首发身份出场，所以他不开心很正常。这是一次正常而平静的对话，他没跟我说过任何有关离开国家队的话。

没有C罗，葡萄牙队反倒6比1大胜瑞士队，顶替他首发的年轻中锋贡萨洛·拉莫斯上演帽子戏法。于是1/4决赛对阵摩洛哥队，C罗继续替补，连续两场没有首发。

不过这一次，"五盾军团"就没有那么幸运了，其面对的是本届世界杯的最大黑马摩洛哥队，贡萨洛·拉莫斯和布鲁诺·费尔南德斯都没有了之前的神勇。而摩洛哥队在第42分钟利用门将迪奥戈·科斯塔的出击失误，由恩内斯里首开纪录。

C罗在第51分钟替补登场，可惜未能获得队友的支持，最终只能吞下0比1失利的苦果，未能闯入四强！离开球场，走向更衣室，37岁的C罗难掩失望之情，流下了伤心的泪水，哪怕你不是他的球迷，此刻也会为之动容。

赛后，C罗在社交媒体上发文道："为葡萄牙队赢得世界杯，是我职业生涯中最伟大和最雄心勃勃的梦想。幸运的是，我赢得了许多国际冠军，但把我们国家的名字推向世界是我最大的梦想。我为这个梦想而奋斗，在过去的16年里参加过5届世界杯，始终与伟大的球员并肩，并得到数百万葡萄牙人的支持。我全力以赴，我把一切都放在场上了。面对战斗我从未退缩，也从未放弃过梦想。可悲的是，昨天梦想结束了。我只是想让每个人都知道，他们已经说了很多，写了很多，猜测了很多，但我对葡萄牙队的奉献从未改变过。我一直是为所有人的目标而奋斗的人，我永远不会背弃我的队友和我的国家。就目前而言，没什么好说的了。谢谢，葡萄牙。谢谢，卡塔尔。梦想一直很美，现在，希望时间可以让每个人都开花结果。"

正如C罗自己所说，这是他的第五届世界杯了，那会有第六届世界杯吗？毕竟等到2026年，他就已经41岁了。梅西捧起大力神杯的一幕，会否激励他继续下去呢？

我们不知道答案，但至少现在，C罗的国家队之旅还没有结束。在2022年世界杯之后，葡萄牙队主教练更换成罗伯托·马丁内斯，上任之后，他依然将C罗视为球队的绝对核心球员，葡萄牙队当仁不让的主力前锋。

而C罗也没有辜负新帅马丁内斯的信任，在2024年欧洲杯预选赛上，C罗代表球队出战 9 场比赛，打入 10 球，将自己所保持的欧洲杯预选赛进球纪录刷新至 41 球。C 罗用出色的表现帮助葡萄牙队取得小组第一，顺利晋级 2024 年欧洲杯正赛。

6 次征战欧洲杯，11 次参加国际大赛，C 罗在继续创造世界足坛的历史。2024 年欧洲杯，他依然是葡萄牙队的主力球员。

小组赛首战对阵捷克队，39 岁的 C 罗差点立功：第 88 分钟，他高高跃起头球攻门，球击中球门立柱弹出，迪奥戈·若塔补射入网，可惜裁判示意 C 罗越位在先，进球无效。不过弗朗西斯科·孔塞桑在伤停补时阶段打入的绝杀球，还是帮助葡萄牙队取得开门红。

第二轮面对土耳其队，C 罗更是体现出无私的一面：第 55 分钟，他反越位成功形成单刀球，却选择将球横传，助攻布鲁诺·费尔南德斯破门。"五盾军团" 3 比 0 锁定胜局，以小组头名的身份提前出线，哪怕末轮 0 比 2 爆冷输给格鲁吉亚队，也无关大局。

1/8 决赛，葡萄牙队对阵斯洛文尼亚队，本以为能轻松取胜，没想到对手防守非常顽强，将比赛拖入加时赛。第 105 分钟，若塔制造点球，C 罗的射门却被扬·奥布拉克扑出！射失点球后，39 岁的 C 罗失声痛哭，泪洒赛场，这一幕让人动容。不过 C 罗很快就平静了下来。点球大战，他第一个出场，主罚命中，完成自我救赎。而迪奥戈·科斯塔更是三次扑出对手的点球，拯救了 C 罗，也拯救了葡萄牙队。

到了 1/4 决赛，葡萄牙队遭遇姆巴佩领衔的法国队，这也是 C 罗与自己 "迷弟" 的直接交锋。不过，两支球队都没有把握住机会，120 分钟战罢比分还是 0 比 0。点球大战再次上演，C 罗还是第一个主罚，稳稳命中，可惜若昂·费利克斯罚丢点球，"五盾军团" 最终被淘汰，无缘四强。

不出意外的话，这是 C 罗在欧洲杯的 "最后一舞"。而令人遗憾的是，这也是他第一次在国际大赛上未能进球。

2024 年 9 月 5 日，欧国联 A 级联赛小组赛首轮，葡萄牙队 2 比 1 击败克罗地亚队。C 罗首发并打入一球，成为历史上第一个在正式比赛中打入 900 球的球员。

第 四 部

数据之神

C罗在联赛、欧冠、国家队上所取得的成绩，用再华丽的辞藻去形容都会显得黯淡无光，只有数字，才可以定义出属于C罗的境界，让人直面感受这个葡萄牙人的伟大。

联赛十五大战役

1

2008 年 1 月 12 日，英超，曼联 6 比 0 纽卡

这是C罗职业生涯第一次上演帽子戏法，也是他第一次效力曼联时唯一的帽子戏法。第48分钟，C罗在大禁区外任意球破门；第70分钟，他接特维斯传球，一脚低射梅开二度；第88分钟，对手球员解围失误，球落在C罗脚下，他笑纳大礼上演帽子戏法。

2

2012 年 4 月 11 日，西甲，皇马 4 比 1 马竞

这是C罗第一次在马德里德比中上演帽子戏法，他在第24分钟和第67分钟用两脚远射攻破马竞的球门，随后又在第82分钟依靠点球完成帽子戏法，帮助皇马击败同城死敌。

3

2012 年 4 月 21 日，西甲，皇马 2 比 1 巴萨

第73分钟，C罗打入锁定胜局的一球，帮助皇马赢下西班牙国家德比。而进球之后，他做出了经典的双手下压的庆祝动作。

4

2012 年 10 月 7 日，西甲，皇马 2 比 2 巴萨

"梅罗"直接对话！C罗在第22分钟先下一城，随后梅西双响帮助巴萨反超比分，C罗在第66分钟扳平比分，两人各自为球队攻进2球。

5

2015 年 4 月 5 日，西甲，皇马 9 比 1 格拉纳达

C罗职业生涯第一次独中五元，上演"五子登科"。他先是在8分钟内上演帽子戏法，随后又在第54分钟和第90分钟各入一球。此外C罗还送出1次助攻，皇马的9球中有6球都与他有关。

2015 年 9 月 12 日，西甲，皇马 6 比 0 西班牙人

6

C罗再次单场独进5球！开场20分钟，C罗便上演了帽子戏法，下半场C罗再入2球。时隔5个月实现了职业生涯第二次"五子登科"。

193

7

2016 年 4 月 2 日，西甲，皇马 2 比 1 巴萨

上半场两队1比1战平，C罗在第85分钟打入绝杀球，做出了经典的"Siu"庆祝动作，诺坎普球场鸦雀无声。

8

2020 年 1 月 6 日，意甲，尤文 4 比 0 卡利亚里

这是C罗加盟尤文之后的第一个帽子戏法。上半场两队均无建树，下半场C罗在33分钟内打入3球，实现在英超、西甲和意甲三大联赛都上演帽子戏法的壮举。

2022 年 3 月 12 日，英超，
曼联 3 比 2 热刺

C罗回归曼联之后首次上演帽子戏法，帮助"红魔"3比2险胜热刺，这也是他英超生涯的第二次上演帽子戏法。

2023 年 2 月 25 日，
沙特联赛，
利雅得胜利 3 比 0 达马克

C罗上演征战沙特联赛的第一次帽子戏法，他在上半场26分钟内连入3球，帮助球队在客场带走3分，完美开启新的个人征程。

联 赛
十五大
战 役

11

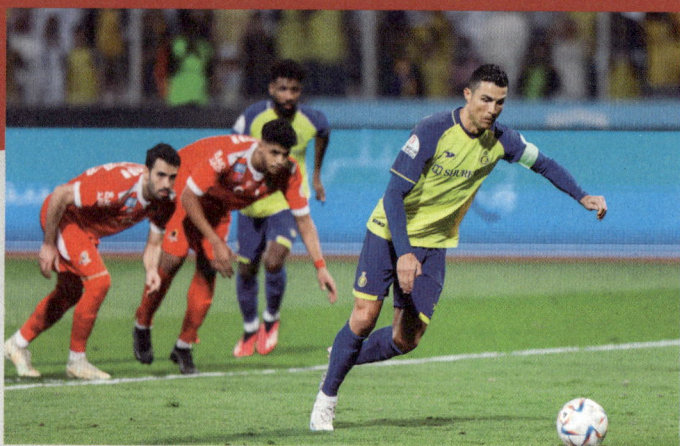

2023 年 2 月 9 日，沙特联赛，利雅得胜利 4 比 0 麦加统一

利雅得胜利在客场4比0大胜麦加统一，C罗包办全部4球，这是他来到沙特之后第一次完成单场"大四喜"，证明自己宝刀不老。

12

2018 年 3 月 18 日，西甲，皇马 6 比 3 赫罗纳

皇马在主场6比3击败赫罗纳，C罗不仅上演"大四喜"，还助攻队友巴斯克斯破门，独造5球。

13

2016 年 11 月 19 日，西甲，皇马 3 比 0 马竞

皇马做客卡尔德隆球场，3比0完胜马竞，C罗先是任意球直接破门，随后制造点球并亲自主罚命中，最后接贝尔传中抢点得手，完成帽子戏法。随后，C罗面对镜头做出"思想者"的庆祝动作，而这也成为这场比赛的经典画面。

14

2014 年 9 月 23 日，西甲，皇马 5 比 1 埃尔切

皇马5比1轻取埃尔切，C罗虽然在开场不久犯规送上点球，但他随后率队疯狂反击，打入4球，上演"大四喜"，其中包括两次点球破门。

15

2011 年 5 月 21 日，西甲，皇马 8 比 1 阿尔梅里亚

皇马在主场8比1狂胜阿尔梅利亚，C罗梅开二度，在4场西甲比赛中打入11球，完成对梅西的反超，加冕西甲金靴奖和欧洲金靴奖！此外，他还在本场比赛上演助攻"大四喜"，参与制造6球。

欧冠十五大战役

1 这是C罗在欧冠决赛上唯一的梅开二度。比赛第20分钟，他在反击中接卡瓦哈尔的助攻首开纪录，成为欧冠改制以来第一位在三届不同的欧冠决赛中取得进球的球员。虽然曼朱基奇的倒钩扳平比分，但卡塞米罗轰入远射，令皇马再次反超。第64分钟，莫德里奇送出助攻，C罗再次破门，将比分扩大为3比1，胜利的天平已经向"银河战舰"倾斜。补时阶段，阿森西奥再下一城，皇马锁定4比1胜局，完成欧冠两连冠。

2016—2017 赛季欧冠决赛，皇马 4 比 1 尤文

2 C罗的第一个欧冠冠军到手，情节过程却跌宕起伏。第26分钟，他头球破门首开纪录，打入个人欧冠决赛的处子球，但兰帕德扳平比分，将比赛拖入到加时乃至点球大战。C罗罚出的点球被切赫扑出，他失声痛哭，所幸队友足够给力，还是让他捧起了奖杯。

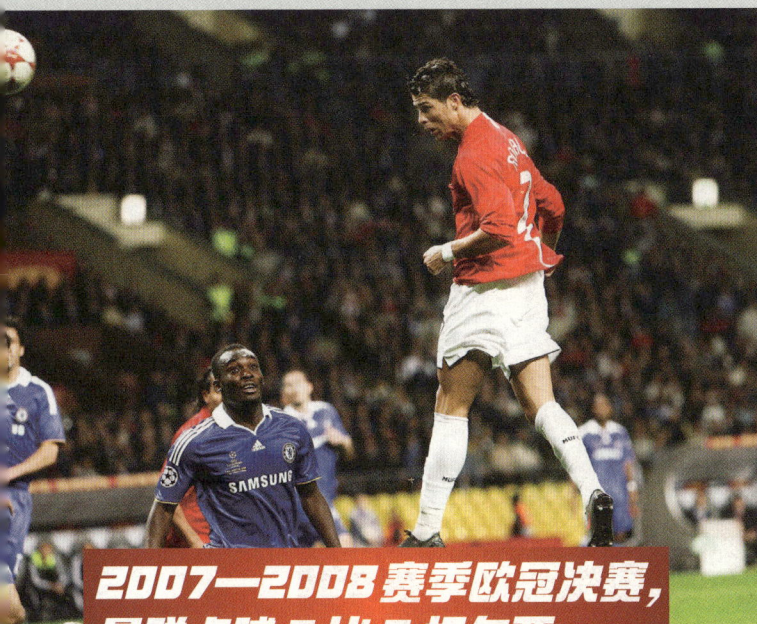

2007—2008 赛季欧冠决赛，曼联点球 7 比 6 切尔西

2016—2017 赛季欧冠 1/4 决赛次回合，皇马 4 比 2 拜仁

3 C罗两场打入5球，扛着皇马前进。首回合，他就在安联球场梅开二度，摘下2比1的胜果。次回合回到伯纳乌球场，莱万点球破门，扳平总比分，又是C罗挺身而出，头球叩关再度反超。拉莫斯自摆乌龙后，比赛被迫进入加时。关键时刻，C 罗再进两球，上演帽子戏法，一个人摧毁了德甲巨头。

4

加盟尤文的首个赛季，34岁的C罗依然在书写传奇，宛如救世主降临。首回合，"斑马军团"0比2告负，陷入绝境。次回合坐镇主场，C罗大发神威，头球连下两城，扳平总比分，第86分钟又亲自主罚点球命中，上演帽子戏法，完成大逆转！

2018—2019 赛季欧冠 1/8 决赛次回合，尤文 3 比 0 马竞

5

C罗再现英雄本色。首回合客场，皇马0比2爆冷失利。生死存亡之际，C罗孤胆救主，86秒之内连进2球，比赛开始仅17分钟就火速扳平总比分。第77分钟，他又直接任意球破门，上演帽子戏法，以一己之力导演翻盘好戏。

2015—2016 赛季欧冠 1/4 决赛次回合，皇马 3 比 0 沃尔夫斯堡

2016—2017 赛季欧冠半决赛首回合，皇马 3 比 0 马竞

6 欧冠赛场的马德里德比，C罗在伯纳乌球场主宰了比赛。开场第10分钟，他就头槌破门，第73分钟和第86分钟，再下两城，最终上演帽子戏法，3比0的大比分，也让皇马一只脚已经迈入欧冠决赛的门槛。

7 比赛开始仅仅3分钟，C罗就接伊斯科的助攻捅射破门，闪击进球。第64分钟，卡瓦哈尔禁区右侧传中，他更是腾空而起，打入了一记精彩至极、技惊四座的倒钩破门！第72分钟，C罗助攻马塞洛进球，完成2射1传。而在次回合，当尤文3比0领先、扳平总比分时，还是C罗在第97分钟点球建功，拯救皇马，没有让比赛进入加时。

2017—2018 赛季欧冠 1/4 决赛首回合，尤文 0 比 3 皇马

8

2008—2009 赛季欧冠半决赛次回合，阿森纳 1 比 3 曼联

英超内战，首回合曼联主场2比0轻取阿森纳。次回合做客酋长球场，C罗先是助攻朴智星破门得分，然后又轰入一脚25米外的"世界波"远射，继续扩大比分。第63分钟，曼联发动经典的快速反击，鲁尼助攻，C罗高速插上包抄得手，2球1助攻，令范佩西第76分钟的进球荡然无功。

2017—2018 赛季欧冠 1/8 决赛首回合，皇马 3 比 1 巴黎圣日耳曼

9

C罗给法甲新贵好好上了一课。拉比奥率先为巴黎圣日耳曼打破僵局，第45分钟，C罗点射入网，扳平比分。第83分钟，他又得阿森西奥助攻，用膝盖将球撞入网窝，逆转比分！最终率领皇马成功翻盘。而次回合较量，C罗又传射建功，双杀对手。

10

C罗在皇马夺得的第一个欧冠冠军。比赛第36分钟，戈丁头槌破网，马竞将领先优势一直保持到伤停补时，拉莫斯神奇扳平，将比赛拖入到加时。第110分钟，贝尔头球建功，完成2比1逆转。而第118分钟，C罗终于站了出来，左路回敲助攻马塞洛扩大比分。第120分钟，他又亲自制造了戈丁的犯规，主罚点球命中，拿下冠军赛点。

2013—2014 赛季欧冠决赛，皇马 4 比 1 马竞

11

2020—2021 赛季欧冠小组赛第 6 轮，尤文 3 比 0 巴萨

"梅罗对决"再次上演，只不过此时C罗已经加盟尤文，他在比赛中点球梅开二度，率队从诺坎普球场带走3分，梅西则没有进球入账。

12

皇马在主场8比0大胜瑞典球队马尔默，C罗完成"大四喜"，以11球打破欧冠小组赛的历史进球纪录。此外，他还给本泽马送上助攻，参与制造5球。

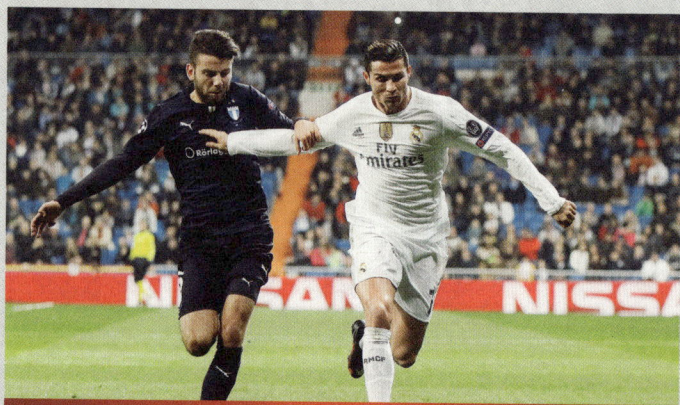

2015—2016 赛季欧冠小组赛第 6 轮，皇马 8 比 0 马尔默

13

2013—2014 赛季欧冠 1/8 决赛首回合，皇马 6 比 1 沙尔克 04

皇马在客场6比1大胜德甲球队沙尔克04，C罗全面展现出自己的能力，不仅梅开二度，还无私地给锋线搭档本泽马送出2次助攻，参与制造4球。

**2013—2014 赛季欧冠小组赛第 1 轮,
皇马 6 比 1 加拉塔萨雷**

14 C罗率队做客加拉塔萨雷的魔鬼主场,刚刚与皇马续约的他独中三元,还送出一次助攻。本场比赛后,C罗以28球超越梅西,成为欧冠历史上在客场进球最多的球员。

15

**2012—2013 赛季欧冠小组赛第 2 轮,
皇马 4 比 1 阿贾克斯**

皇马在客场对阵阿贾克斯,C罗大爆发连下三城,上演职业生涯的第18次帽子戏法,更具历史意义的是,这是他第一次在欧冠赛场上"戴帽"!

年仅19岁的C罗1传1射，帮助葡萄牙队击败了罗本、西多夫、范尼斯特鲁伊等球星云集的荷兰队，第一次进入欧洲杯决赛，可惜最终葡萄牙队0比1惜败希腊队，屈居亚军。

2004年6月30日，欧洲杯半决赛，葡萄牙队2比1荷兰队

2

开场第8分钟C罗就凭借任意球破门首开纪录，第58分钟反越位成功后获得单刀球，过掉对方门将后打空门得手，最终完成梅开二度，帮助葡萄牙队淘汰对手，晋级欧洲杯决赛圈。

2011年11月15日，欧洲杯预选赛附加赛，葡萄牙队6比2波黑队

3

生死之战，C罗与伊布均贡献精彩表演。C罗在第50分钟为葡萄牙队首开纪录，随后伊布梅开二度将比分反超。但随即C罗浇灭了瑞典队的希望之火，两分钟内连入两球完成帽子戏法，以一己之力率领葡萄牙队晋级世界杯决赛圈。

2013年11月19日，世界杯预选赛附加赛，葡萄牙队3比2瑞典队

4

C罗贡献2球1助攻，参与葡萄牙队的全部进球，帮助葡萄牙队惊险逼平对手，以小组第三晋级淘汰赛，为最终的问鼎奠定了基础。

2016 年 6 月 22 日，欧洲杯小组赛，葡萄牙队 3 比 3 匈牙利队

5

C罗在下半场泰山压顶头球打破僵局，打入个人在欧洲杯上的第9球，追平普拉蒂尼，并列"欧洲杯历史射手王"，随后助攻纳尼打入一球，帮助葡萄牙队击败贝尔领衔的威尔士队，时隔12年再度闯入欧洲杯决赛。

2016 年 7 月 6 日，欧洲杯半决赛，葡萄队牙 2 比 0 威尔士队

6

2016 年 7 月 10 日，欧洲杯决赛，葡萄牙队 1 比 0 法国队

　　C罗在开场后不久便遭遇伤病，在第25分钟被无奈换下，他在下场时流下了伤心的泪水。最终，葡萄牙队球员众志成城，战胜法国队，夺得欧洲杯冠军，C罗也由此夺得国家队生涯的首个大赛冠军。

7

国家队
十五大
战　役

C罗在上半场两分钟内梅开二度，下半场再入两球，第一次在国家队比赛中单场打入四球，上演"大四喜"。

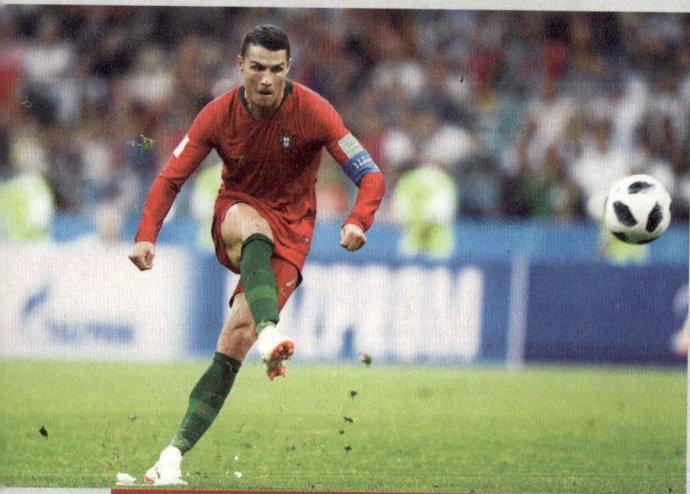

2016 年 10 月 7 日，世界杯预选赛，葡萄牙队 6 比 0 安道尔队

8

点球破门、远射破门、任意球破门，这是C罗在世界杯上的首个帽子戏法，他两次帮助葡萄牙队取得领先，又在第88分钟上演任意球直接破门，打入绝平球。

2018 年 6 月 15 日，世界杯小组赛，葡萄牙队 3 比 3 西班牙队

9

C罗在第25分钟为葡萄牙队先拔头筹，又在第88分钟和第90分钟各入一球完成帽子戏法，包揽葡萄牙队的全部进球，率领葡萄牙队挺进决赛，并最终夺得冠军。

2019 年 6 月 5 日，欧国联半决赛，葡萄牙队 3 比 1 瑞士队

10

面对本泽马、姆巴佩和博格巴领衔的法国队，C罗先是为葡萄牙队取得先机，随后又梅开二度打入扳平球，帮助葡萄牙队拿到关键1分，成功从"死亡之组"中出线。

2021 年 6 月 23 日，欧洲杯小组赛，葡萄牙队 2 比 2 法国队

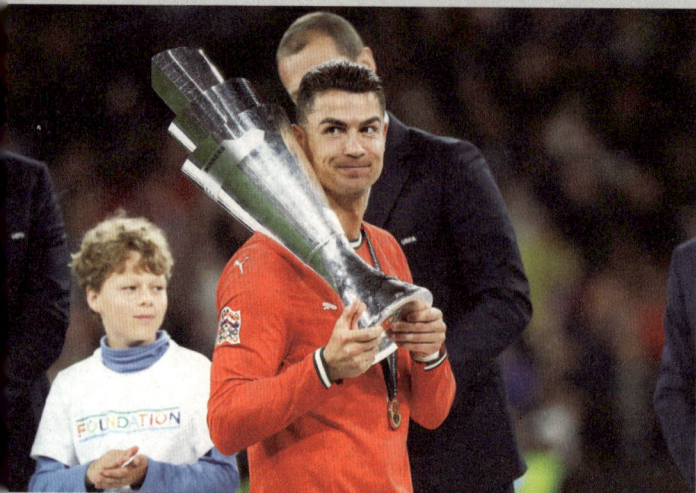

2025 年 6 月 8 日，欧国联决赛，葡萄牙队 7 比 5 西班牙队（点球 5 比 3）

葡萄牙队在上半场1比2落后西班牙队，C罗在第61分钟打入扳平球，这也是他在国家队打入的第138球，继续刷新自己保持的世界男足国家队射手榜纪录。葡萄牙队最终在点球大战中击败西班牙队，第二次问鼎欧国联。

12

2012 年 6 月 17 日，欧洲杯小组赛，葡萄牙队 2 比 1 荷兰队

2012年欧洲杯小组赛上演豪门对决，在葡萄牙队落后的情况下，C罗挺身而出，先是反越位成功，推射扳平比分，后又在禁区内扣球晃倒范德维尔，梅开二度，最终率队2比1逆转荷兰队。

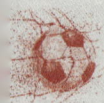

13

C罗两次射门击中球门立柱，但他并未放弃，终于在第79分钟头球破门，打入绝杀球。最终葡萄牙队1比0力克捷克队，晋级欧洲杯四强。

2012 年 6 月 21 日，欧洲杯 1/4 决赛，葡萄牙队 1 比 0 捷克队

14

上半场，C罗任意球直接破门，打入国家队生涯的第100球；下半场，C罗在大禁区前写意搓射破门得手，梅开二度。

2020 年 9 月 8 日，欧国联小组赛，葡萄牙队 2 比 0 瑞典队

15

C罗罚丢点球后立功赎罪，在第89分钟头球绝平，在第96分钟打入绝杀球，帮助葡萄牙队在世界杯预选赛中逆转取胜。更重要的是，本场比赛后，C罗以111球超越伊朗队传奇球星阿里·代伊，成为世界男足国家队的历史第一射手。

2021 年 9 月 1 日，世界杯预选赛，葡萄牙队 2 比 1 爱尔兰队

C罗俱乐部数据

2002—2003 赛季：　　联赛 25 场 3 球　　欧冠 1 场 0 球　　各项赛事 31 场 5 球

2003—2004 赛季：　　联赛 29 场 4 球　　欧冠 5 场 0 球　　各项赛事 40 场 6 球

2004—2005 赛季：　　联赛 33 场 5 球　　欧冠 8 场 0 球　　各项赛事 50 场 9 球

2005—2006 赛季：　　联赛 33 场 9 球　　欧冠 8 场 1 球　　各项赛事 47 场 12 球

2006—2007 赛季：　　联赛 34 场 17 球　　欧冠 11 场 3 球　　各项赛事 53 场 23 球

2007—2008 赛季：　　联赛 34 场 31 球　　欧冠 11 场 8 球　　各项赛事 49 场 42 球

2008—2009 赛季：　　联赛 33 场 18 球　　欧冠 12 场 4 球　　各项赛事 53 场 26 球

2009—2010 赛季：　　联赛 29 场 26 球　　欧冠 6 场 7 球　　各项赛事 35 场 33 球

2010—2011 赛季：　　联赛 34 场 40 球　　欧冠 12 场 6 球　　各项赛事 54 场 53 球

2011—2012 赛季：　　联赛 38 场 46 球　　欧冠 10 场 10 球　　各项赛事 55 场 60 球

2012—2013 赛季：　　联赛 34 场 34 球　　欧冠 12 场 12 球　　各项赛事 55 场 55 球

2013—2014 赛季：　　联赛 30 场 31 球　　欧冠 11 场 17 球　　各项赛事 47 场 51 球

2014—2015 赛季：　　联赛 35 场 48 球　　欧冠 12 场 10 球　　各项赛事 54 场 61 球

2015—2016 赛季：　　联赛 36 场 35 球　　欧冠 12 场 16 球　　各项赛事 48 场 51 球

2016—2017 赛季：　　联赛 29 场 25 球　　欧冠 13 场 12 球　　各项赛事 46 场 42 球

2017—2018 赛季：　　联赛 27 场 26 球　　欧冠 13 场 15 球　　各项赛事 44 场 44 球

2018—2019 赛季：　　联赛 31 场 21 球　　欧冠 9 场 6 球　　各项赛事 43 场 28 球

2019—2020 赛季：　　联赛 33 场 31 球　　欧冠 8 场 4 球　　各项赛事 46 场 37 球

2020—2021 赛季：　　联赛 33 场 29 球　　欧冠 6 场 4 球　　各项赛事 44 场 36 球

2021—2022 赛季：　　联赛 31 场 18 球　　欧冠 7 场 6 球　　各项赛事 39 场 24 球

2022—2023 赛季：　　联赛 26 场 15 球　　欧联 6 场 2 球　　各项赛事 35 场 17 球

2023—2024 赛季：　　联赛 31 场 35 球　　亚冠 9 场 6 球　　各项赛事 51 场 50 球

2024—2025 赛季：　　联赛 30 场 25 球　　亚冠 8 场 8 球　　各项赛事 41 场 35 球

（截至 2025 年 6 月 26 日）
（欧冠、亚冠数据包含资格赛）

C罗国家队数据

2003 年:	2 场 0 球		2016 年:	13 场 13 球
2004 年:	16 场 7 球		2017 年:	11 场 11 球
2005 年:	11 场 2 球		2018 年:	7 场 6 球
2006 年:	14 场 6 球		2019 年:	10 场 14 球
2007 年:	10 场 5 球		2020 年:	6 场 3 球
2008 年:	8 场 1 球		2021 年:	14 场 13 球
2009 年:	7 场 1 球		2022 年:	12 场 3 球
2010 年:	11 场 3 球		2023 年:	9 场 10 球
2011 年:	8 场 7 球		2024 年:	12 场 7 球
2012 年:	13 场 5 球		2025 年:	4 场 3 球
2013 年:	9 场 10 球		世界杯:	22 场 8 球
2014 年:	9 场 5 球		欧洲杯:	30 场 14 球
2015 年:	5 场 3 球			

（截至 2025 年 6 月 26 日）

数据之神

○ 欧冠正赛出场数最多：183 场
○ 欧冠正赛进球数最多：140 球
○ 欧冠正赛助攻数最多：41 次
○ 欧冠改制后夺冠次数并列最多：5 冠
○ 欧冠改制后获胜场次历史最多：115 场
○ 欧冠单赛季进球数最多：17 球
○ 欧冠淘汰赛进球数历史最多：67 球
○ 欧冠金靴奖次数历史最多：7 次
○ 唯一在三届欧冠决赛进球的球员
○ 世俱杯进球数历史最多：7 球
○ 俱乐部欧战赛事正赛出场数历史最多：197 场
○ 俱乐部欧战赛事正赛进球数历史最多：145 球

○ 唯一获得英超、西甲和意甲金靴奖的球员
○ 第一位连续 6 场西班牙国家德比进球的球员
○ 皇马历史射手王：450 球
○ 皇马在西班牙国家德比中并列进球数最多的球员：18 球
○ 欧洲杯出场数历史最多：30 场
○ 欧洲杯进球数历史最多：14 球
○ 欧洲杯预选赛进球数历史最多：41 球
○ 国家队出场数历史最多：221 场
○ 国家队进球数历史最多：138 球
○ 职业生涯总进球数历史最多：938 球
○ 第一位在六届欧洲杯中都有出场的球员

（截至 2025 年 6 月 26 日）

C罗荣誉全记录

| 国家队　3冠 |

欧洲杯　1　　　欧国联　2

| 葡萄牙体育　1冠 |

葡萄牙超级杯　1

| 曼联　10冠 |

英 超　3

足总杯　1

联赛杯　2

社区盾　2

欧 冠　1

世俱杯　1

| 皇马　16冠 |

西 甲　2

国王杯　2

西超杯　2

欧 冠　4

欧超杯　3

世俱杯　3

| 尤文　5冠 |

意 甲　2

意超杯　2

意大利杯　1

| 利雅得胜利　1冠 |

阿拉伯冠军联赛　1

个人荣誉

金球奖：5

国际足联世界足球先生：5

欧足联年度最佳球员：4

欧洲金靴奖：4

国际足联普斯卡什奖：1

年度最佳射手：5

国际足联年度最佳阵容：15

英格兰球员工会年度最佳球员：2

英超赛季最佳球员：2

英格兰记者协会年度最佳球员：2

英超金靴奖：1

西甲赛季最佳球员：1

西甲金靴奖：3

意甲金靴奖：1

金足奖：1

欧冠金靴奖：7

（世界足球先生与金球奖 2010 年合并为国际足球联合会金球奖，2016 年取消合并）

（截至 2025 年 6 月 26 日）

C罗
名场面

2012年4月21日，2011—2012赛季西班牙国家德比次回合，C罗打入绝杀球，帮助皇马战胜巴萨。C罗进球后手掌下压的庆祝动作成为经典画面，霸气十足。凭借这场比赛的胜利，皇马收获当赛季的西甲冠军，这也是C罗第一次获得西甲冠军。

2017年8月13日，2017—2018赛季西班牙超级杯首回合，皇马3比1战胜巴萨，C罗进球后举球衣庆祝。

2015年1月12日，C罗获得2014年金球奖。获奖之后，C罗霸气庆祝，成为金球奖颁奖典礼中让人印象深刻的一幕。除此之外，他还拿下2008年、2013年、2016年、2017年金球奖，共5次获得该奖项。

FIFA
BALLON
D'OR

C罗先后五次获得欧冠冠军，还创造了一系列欧冠纪录。他是当之无愧的欧冠之王！

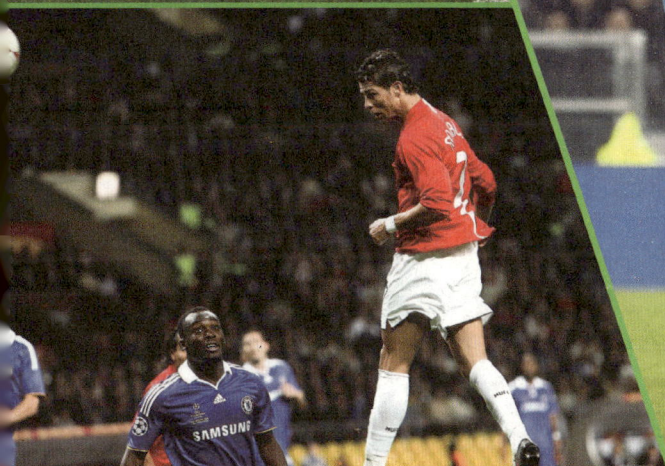

2019年12月19日，意甲第17轮，尤文2比1战胜桑普多利亚，C罗完成逆天头球破门。根据统计，34岁的C罗起跳之后在空中停留了1.5秒，身体与地面最大距离为71厘米，触球瞬间头部离地2.56米。

2004年6月12日，欧洲杯小组赛第1轮，葡萄牙队1比2希腊队，C罗打入个人的欧洲杯首球。2021年6月15日，欧洲杯小组赛第1轮，葡萄牙队3比0匈牙利队，C罗梅开二度，个人在欧洲杯的进球数达到11球，他也就此加冕欧洲杯射手王。目前，C罗在欧洲杯的进球数已经达到14球，该纪录有望在2024年再度被C罗改写。

还记得C罗与队友的这些经典画面吗？曾经的"卡佩罗"留下了太多故事，C罗与马塞洛那一份"拧瓶盖"的友谊也让人无比怀念。

2004年欧洲杯决赛，葡萄牙队输给希腊队无缘冠军，年轻的C罗流下伤心的泪水。2016年欧洲杯决赛，C罗因伤提前退场，那一刻蝴蝶似乎都动了情，好像在与C罗诉说接下来的故事……最终，葡萄牙队奇迹般获得2016年欧洲杯冠军。

2016年11月19日，2016—2017赛季西甲马德里德比首回合较量，皇马在客场3比0完胜马竞，C罗完成帽子戏法。他在打入第3球后的庆祝动作非常精彩：身体下蹲，手触下巴，双眼直视镜头，好似一个"思想者"。

2017年5月2日，2016—2017赛季欧冠半决赛首回合，皇马3比0战胜马竞，C罗完成帽子戏法，留下"坐广告牌"的庆祝名场面。

2019年3月12日，2018—2019赛季欧冠1/8决赛次回合，尤文3比0战胜马竞，总比分3比2晋级下一轮。C罗上演帽子戏法，并且做出特殊的庆祝动作，以此来回击首回合马竞主帅迭戈·西蒙尼的庆祝动作。

2013年11月19日，世界杯附加赛，葡萄牙队两回合4比2战胜瑞典队，晋级世界杯正赛。C罗两回合打进4球，成为葡萄牙队真正的英雄。

2019年6月5日，2018—2019赛季欧国联半决赛，葡萄牙队3比1战胜瑞士队，C罗完成帽子戏法，并且做出抱孩子的庆祝动作。

2018年世界杯小组赛第1轮，葡萄牙队2比3落后西班牙队。比赛最后时刻，C罗完成精彩的任意球破门，帮助球队战平对手。C罗的这个任意球成为世界杯的经典画面。

2022年3月12日，英超第30轮，曼联3比2战胜热刺，C罗上演帽子戏法，职业生涯总进球数达到807球。在任意一家数据机构的统计下，C罗都是当之无愧的世界足坛历史射手王，总进球数的纪录也在被C罗不断更新。

2021年9月1日，世界杯预选赛，葡萄牙队2比1爱尔兰队，C罗梅开二度，国家队进球数达到111球，他也就此超越阿里·代伊，成为世界男足国家队历史第一射手，该纪录被C罗不断更新。

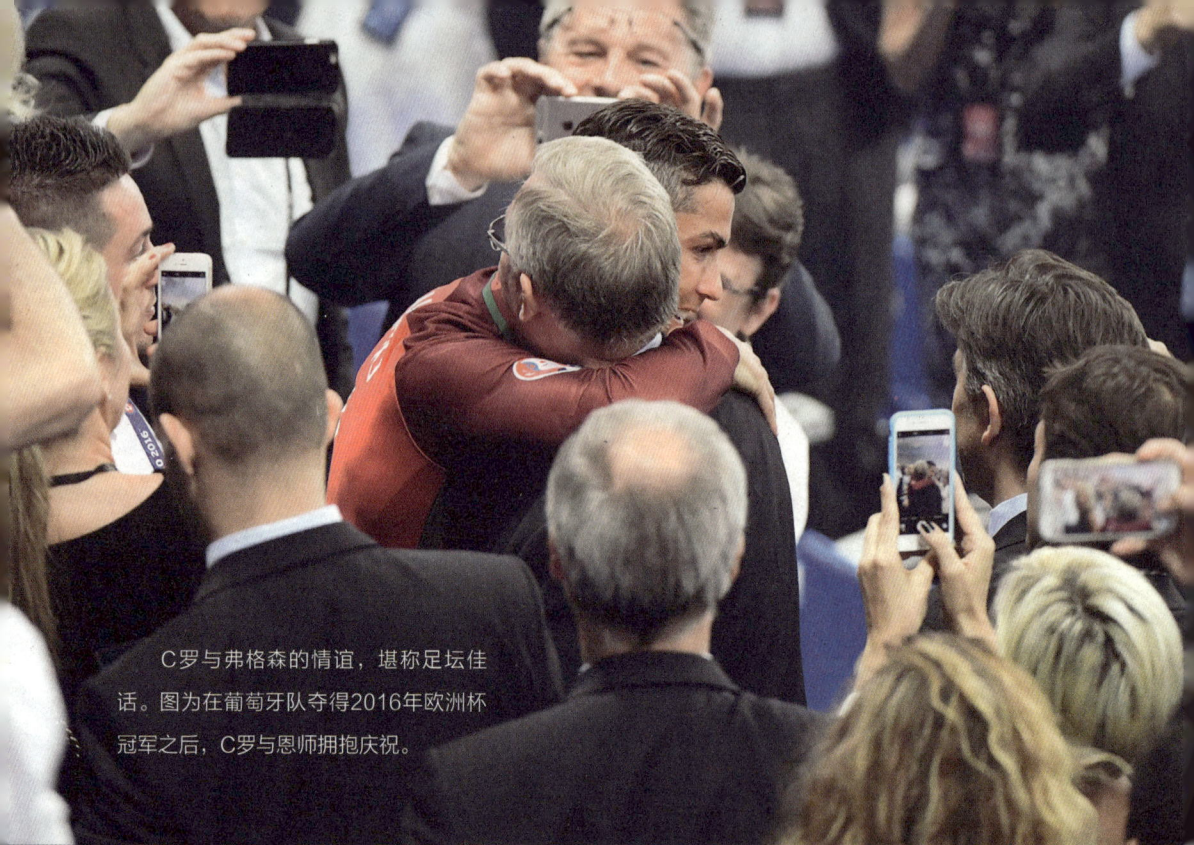

C罗与弗格森的情谊，堪称足坛佳话。图为在葡萄牙队夺得2016年欧洲杯冠军之后，C罗与恩师拥抱庆祝。

"BBC"组合，你记得多少属于他们的故事？

致敬！
谁的青春没有C罗

2025年2月5日，C罗已经年满40岁。以他已经取得的伟大成就，他完全可以就此退役，享受生活，陪伴在家人身边。但是，不惑之年的C罗仍在拼搏、攀登，仍在不断进球，仍在刷新着各项纪录。

联赛里，C罗还在沙特联赛征战，创造世界体坛历史纪录的天价续约合同，证明了他依然是全世界的焦点；欧冠赛场上，虽然已经没了他的身影，却依然流传着他的故事，他所创造的纪录依然无人能够超越；而在葡萄牙队，C罗还在坚守，他结束了自己的第6次欧洲杯之旅，甚至有望在2026年开启第6次世界杯之旅。

2025年6月8日，欧国联决赛，葡萄牙队通过点球大战击败了强大的西班牙队，第二次获得该项赛事的冠军。C罗在下半时打入扳平球，成为葡萄牙队夺冠的功臣。40岁的他，依然可以在顶级赛事中为球队贡献自己的力量。至此C罗已经帮助葡萄牙队获得3个洲际大赛冠军（2016年欧洲杯、2018—2019赛季欧国联、2024—2025赛季欧国联），而这些也是葡萄牙队仅有的洲际大赛冠军。

目前，C罗在职业生涯中已经打入了超过930球，他此前已是世界足坛历史第一射手，现在又将这一纪录不断刷新，准备冲击1000球的里程碑。这将是世界足坛前无古人，后也很难有来者的纪录。

C罗曾在接受采访时谈及1000球的纪录："人们执着于1000球纪录，而我更希

望顺其自然。进球数就摆在那里，我就是历史最佳，有史以来最全面的球员。进球能带来世界上最美妙的感觉。我热爱进球，至今仍保有那份激情。"

C罗还曾暗示，2026年世界杯很可能是自己职业生涯的终点，但一切还要看届时的状态，正如他自己所说："坦然接受命运安排，专注可见的未来。"这个未来，或许就是C罗最后一次向大力神杯发起冲击。

40岁的C罗回望过去，曾经身处的那些时空，因他的存在而发生了根本性的改变。曼联在21世纪前10年最辉煌的时刻，也是他登上世界足坛之巅的瞬间；皇马将所获欧冠奖杯的数量从9座提升到13座，彻底奠定足坛独一档的江湖地位，同时也伴随着他作为超级英雄的剪影；葡萄牙人无须继续吟唱忧伤的法多（葡萄牙传统音乐形式，又称"悲歌"），他们的球队是近年来世界足坛最受追捧的国家队之一，这是"C罗效应"的极致体现。

谁的青春没有C罗？时间已不长，我们且看且珍惜；时间还很长，我们依然可以见证他更多的"封神"时刻！